FACULTÉ DE DROIT DE POITIERS

DE LA CESSION DE CRÉANCE

EN DROIT ROMAIN

DE LA

TRANSMISSION DES TITRES AU PORTEUR

EN DROIT FRANÇAIS

THÈSE

PRÉSENTÉE A LA FACULTÉ DE DROIT DE POITIERS

POUR OBTENIR LE GRADE DE DOCTEUR

Et soutenue le samedi 28 février 1880, à trois heures du soir

DANS LA SALLE DES ACTES PUBLICS DE LA FACULTÉ

PAR

ALBERT CHAROY

AVOCAT A LA COUR D'APPEL D'ORLÉANS.

POITIERS

TYPOGRAPHIE DE OUDIN FRÈRES

4, RUE DE L'ÉPERON, 4

1880

FACULTÉ DE DROIT DE POITIERS

DE LA CESSION DE CRÉANCE

EN DROIT ROMAIN

DE LA

TRANSMISSION DES TITRES AU PORTEUR

EN DROIT FRANÇAIS

THÈSE

PRÉSENTÉE A LA FACULTÉ DE DROIT DE POITIERS

POUR OBTENIR LE GRADE DE DOCTEUR

Et soutenue le samedi 28 février 1880, à trois heures du soir

DANS LA SALLE DES ACTES PUBLICS DE LA FACULTÉ

PAR

Albert CHAROY

AVOCAT A LA COUR D'APPEL D'ORLÉANS.

POITIERS

TYPOGRAPHIE DE OUDIN FRÈRES

4, RUE DE L'ÉPERON, 4

1880

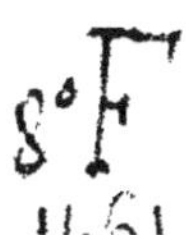

FACULTÉ DE DROIT DE POITIERS

MM. DUCROCQ (✱ I ⓞ), *Doyen, professeur de Droit administratif et d'Économie politique.*

MARTIAL PERVINQUIÈRE (✱ I ⓞ), *professeur de Droit romain.*

ARNAULT DE LA MÉNARDIÈRE (I ⓞ), *professeur de Code civil.*

LE COURTOIS (A ⓞ), *professeur de Code civil.*

THÉZARD (A ⓞ), *professeur de Code civil.*

NORMAND, *professeur de Droit criminel.*

PARENTEAU-DUBEUGNON, *professeur de Procédure civile.*

ARTHUYS, *professeur de Droit commercial.*

BONNET, *agrégé, chargé d'un cours de Droit romain.*

PETIT, *agrégé, chargé d'un cours de Droit romain.*

BARRILLEAU, *agrégé, chargé du cours d'Histoire du Droit.*

M. COULON (A ⓞ), *secrétaire-agent-comptable.*

COMMISSION :

PRÉSIDENT, M. A. DE LA MÉNARDIÈRE (I ⓞ) Professeur.

SUFFRAGANTS :
- M. THÉZARD (A ⓞ)
- M. PARENTEAU-DUBEUGNON
- M. ARTHUYS

} PROFESSEURS.

- M. PETIT
- M. BARRILLEAU

} AGRÉGÉS.

A LA MÉMOIRE DE MA MÈRE

—

A LA MÉMOIRE DE MA GRAND'MÈRE

DROIT ROMAIN

DE LA CESSION DE CRÉANCE

L'étude que je me propose de faire ne semble pas devoir être dépourvue de tout intérêt, si l'on considère la nature exceptionnelle du droit de créance et l'originalité des procédés mis en œuvre pour en opérer la cession. Changer par une cession la personne du créancier, n'est-ce pas modifier l'un des deux termes du rapport juridique qui liait le débiteur au créancier originaire? N'est-ce pas dénaturer l'obligation? L'obligation peut-elle survivre à un bouleversement de ses conditions d'existence, qui, tout au moins, la modifie et la transforme? Le fait dû, l'abstention promise par le débiteur seront, en effet, aggravés ou allégés, suivant la personne du nouveau créancier : la dette sera plus ou moins lourde au débiteur cédé, suivant le degré d'énergie que des privilèges personnels apporteront au droit du cessionnaire; elle sera plus ou moins paralysée par les exceptions que le débiteur aura la faculté d'opposer à ses poursuites.

L'esprit des jurisconsultes romains, logique jusqu'à une

rigueur de raisonnement qui s'accommodait difficilement avec les exigences de la pratique, se refusait à concevoir la possibilité de soumettre le lien fragile qui unit le débiteur et le créancier à l'épreuve d'un déplacement qui devait le briser. C'est pour rendre le caractère personnel de la créance, son existence essentiellement dépendante de la personne du créancier sur la tête duquel elle s'est formée, que les glossateurs, recourant aux métaphores les plus hardies, disaient, dans un langage singulièrement expressif : « *Nomina adeo ossibus hominum inhærent ut nunquam separentur; — non possunt separari a domino sicut nec anima a corpore.* »

N'imaginant donc pas qu'on pût transmettre la créance, les Romains eurent l'idée d'un artifice ingénieux qui leur permit de faire bénéficier le cessionnaire de l'objet de cette créance, sans en nécessiter le transport. La novation offrait le moyen d'atteindre ce résultat. Par elle la créance primitive était éteinte, et de ses cendres renaissait une créance nouvelle en la personne du cessionnaire. Deux procédés de novation existaient : l'un était la *stipulatio*, contrat par lequel le cessionnaire, prenant la place du cédant, se faisait promettre par le débiteur l'objet de sa précédente obligation ; l'autre était la *procuratio in rem suam*, mandat donné par le cédant au cessionnaire, et permettant à celui-ci de poursuivre en justice le paiement de la créance, de la nover au moment où la *litiscontestatio* lie l'instance entre lui et le débiteur, et le dispense de rendre compte du bénéfice qu'il tire du procès gagné. Plus tard, sous le Bas-Empire, un autre expédient, d'un genre différent, fut mis au service de la cession de créance. Sans devenir titulaire de la créance qui demeurait fixée sur la tête du cédant, le cessionnaire vit sa demande reçue par le préteur, qui lui donnait l'action de la créance, par faveur exceptionnelle et à titre d'action *utile*. Dans l'usage de la novation, comme dans l'emploi des actions utiles, la jurisprudence romaine était restée fidèle aux traditions juridiques de la nation; elle n'avait pas appelé à son aide les dispositions d'une législation nouvelle; elle avait simplement détourné de leur destination native des procédés existants. C'est avec autant de raison que d'esprit qu'on l'a pu comparer à un père de famille économe qui tire tout le parti possible des quelques ustensiles qu'il possède et les fait servir aux usages les plus divers.

On conçoit dès lors qu'à Rome, les créances pussent être cessibles en un certain sens. Elles étaient *in commercio :* en fait, les Romains en faisaient un objet de négociations. C'est ce qu'exprime Ulpien (L. 17, D., *De hered. vel. act. vend.* XVIII, 4) : « *Nomina eorum qui sub conditione aut in diem* « *debent, et emere et vendere solemus...* » Et le jurisconsulte caractérise d'un mot la cessibilité de la créance en donnant à celle-ci le nom de *res*, qui, dans son sens technique, sert à la désignation exclusive des objets que leur nature matérielle rend le plus aptes à se soumettre au droit de propriété et à passer d'un patrimoine dans l'autre : « *ea enim res est quæ emi et veniri potest.* »

D'ailleurs, l'esprit de spéculation avait trouvé dans la cessibilité des créances l'occasion d'un trafic souvent lucratif. On voyait acheter à bas prix et contre des deniers comptants des créances dépréciées par la solvabilité douteuse du débiteur; et celles dont l'échéance éloignée laissait le créancier à court d'argent trouvaient facilement acquéreur chez un peuple enclin à l'usure. Les efforts d'Anastase et de Justinien pour porter remède à des spéculations abusives démontrent encore la négociation journalière, la circulation habituelle des créances, déjà signalée par Ulpien, *emere et vendere solemus.*

La vente était la cause la plus fréquente, mais non la cause nécessaire et unique de la cession des créances. Je n'ai pas à m'occuper ici de leur transmission à titre universel, parce que, ainsi que nous aurons incidemment occasion de le voir, cette transmission ne requiert pas l'emploi des procédés de cession qui feront l'objet de ce travail : mais, pour la transmission à titre particulier, la cession peut se produire à la suite de causes nombreuses, soit par suite d'une convention, par exemple, soit par suite d'une disposition testamentaire.

J'ai dit que les procédés employés à la cession des créances opéraient une novation, qu'ils éteignaient la dette primitive et donnaient naissance à une autre dette qui remplaçait la première au profit du cessionnaire. Ce double effet extinctif et créateur était reconnu par une doctrine universellement enseignée, lorsqu'une théorie nouvelle se fit jour en Allemagne. A en croire les auteurs de ce système, la stipulation et la *litiscontestatio* seraient indiquées par Gaïus, non pas comme de simples procédés de novation, mais comme de véritables modes de transfert qui ferait passer du cédant au cessionnaire, tout d'une pièce, et sans l'altérer, le lien de droit qui unissait le débiteur au créancier primitif.

Sans vouloir encore entrer dans aucune discussion de textes, il est déjà permis de s'étonner de la hardiesse de cette doctrine. Il faut, pour l'admettre, doublement méconnaître la tendance générale de la jurisprudence romaine, qui ne renverse point les principes en vigueur ; mais qui se contente de les éluder, s'il se peut, par un détour. Ici deux principes sont sacrifiés : le caractère personnel de la créance est méconnu ; le but, la portée, la fonction des procédés de cessions sont dénaturés.

Le caractère personnel de la créance, du moins l'intransmissibilité qui en résulte est le premier point qui dut être nié. Le transport de la créance était, dit-on, une nécessité pratique, à laquelle la législation romaine était obligée de se plier. Cette nécessité s'impose à toute société : les relations commerciales et les transactions privées le réclament. Les Romains avaient la ressource de devenir créanciers par la stipulation d'un *filiusfamilias* ou d'un esclave. Ils ne pouvaient le devenir par le fait d'un mandataire, celui qui stipulait, fût-ce par l'ordre et pour le compte d'autrui, acquérant pour son propre compte, et la créance ne passant au mandant qu'à la suite d'une cession. Cette cession pour être vraiment utile doit constituer un transfert. A cette argumentation tirée de la pratique on peut répondre que la nécessité d'un transfert n'est pas prouvée, du moment que la succession de créances distinctes peut remplir le même office. Aussi la discussion est-elle portée sur le terrain des principes.

Par un argument d'analogie, les partisans du transfert concluent de la transmissibilité du droit de propriété à la transmissibilité du droit de créance. La propriété, disent-ils, établit un rapport entre le propriétaire et l'objet soumis à son droit. Un changement de propriétaire n'apporte-t-il pas un changement dans le rapport actuel ? Personne ne le niera, et cependant la propriété est aliénable. Je contesterais volontiers cette comparaison entre les deux droits. Une différence profonde les sépare : le droit du créancier se borne à la faculté d'exiger d'une personne un fait ou une abstention. Le fait dû, l'abstention promise, sont modifiés par le changement de l'un des termes du rapport, par le changement du créancier. Le droit du propriétaire consiste dans la disposition complète et absolue de la chose. La propriété n'est pas modifiée par son passage en d'autres mains : le nouveau propriétaire acquiert un droit dont l'étendue ne varie pas en raison de sa personne, mais qui trouve une mesure invariable dans le droit de disposition qui appartenait au précédent propriétaire.

On insiste, en alléguant que, loin de trouver dans le transport quelque chose de contraire à la nature de la créance, les Romains le connaissaient et en faisaient usage dans certains cas. Ces prétendus cas de transport sont ceux où la créance est englobée dans une universalité de biens et se trouve transmise avec elle. Le premier est celui de la succession d'un héritier qui, par son adition, est investi des créances comme de tous les autres biens du défunt, sans qu'aucune novation se produise dans la créance. Le fait est exact en lui-même; mais il s'explique par une autre idée que celle d'un transfert. Le droit Romain avait admis que le défunt se survivait à lui-même en la personne de son héritier : l'investiture des créances héréditaires n'était pour celui-ci que l'application d'une fiction incontestée.

Les partisans de la doctrine que je conteste ne peuvent nier le principe, ils prétendent qu'il sert seulement « à dissimuler le transfert », et ils invoquent l'exemple d'autres successeurs universels, de l'*emptor bonorum*, du *bonorum sector*, de l'*adrogator*. En succédant aux créances de ceux dont les biens leur sont attribués, ces successeurs ne continuent pas, il faut en convenir, la personne de leurs auteurs; leur succession doit s'expliquer par d'autres principes que la fiction dont bénéficie l'héritier. L'*adrogator* est censé né sous la puissance de l'adrogeant; il tient dans la famille une place de fils, et les créances qu'il a pu acquérir sont de son chef acquises au *paterfamilias*. A cette explication l'on objecte que l'adrogation n'a pu se produire sans une *capitis deminutio* : la personne de l'adrogé est détruite, anéantie, et ses droits personnels, ses obligations personnelles, l'usufruit établi sur sa tête, la dette dont il est tenu, s'éteignent par l'effet de son changement d'état. Ce ne sont donc que les droits essentiellement transmissibles qui passent à l'*adrogator*, et la survivance de la créance qui passe à l'*adrogator* est une preuve de sa transmissibilité. Si je ne me trompe, la transmission n'a pas lieu, comme on veut le faire entendre, par une sorte de transfert légal. Sur quoi porterait ce transfert, puisque la qualité de créancier est détruite en la personne de l'adrogé par la *capitis deminutio* qu'il a subie? Attachons-nous plutôt à la fiction en vertu de laquelle l'adrogé est reputé né en la puissance de l'*adrogator*. Alors tout s'explique : le fils peut acquérir pour le *paterfamilias*, la créance passe donc à celui-ci, il ne peut contracter une obligation qui engage le *paterfamilias*. Donc, son obligation doit être éteinte ou plutôt elle est seulement paralysée, car si le débiteur est soustrait à son obligation, les coobligés ou fidéjusseurs demeurent tenus (L. 19, D., *De duobus reis*, XLV, 2. — L. 20, C., *De fid.* VIII, 41). Que si l'usufruit s'éteint par l'adrogation, c'est qu'il est établi, *intuitu personæ*; ce qui le prouve, c'est son extinction par la mort du fils, lorsqu'il est établi par legs : que s'il n'est éteint que par la mort du survivant du fils ou du père, au cas où il est constitué entre-vifs, c'est que le père eût pu acquérir le droit par lui-même ; mais au cas présent, on ne peut prétendre que l'*adrogator* aurait pu acquérir par lui-même, car l'adrogé n'a pas agi sous son inspiration. Les effets de l'adrogation s'expliquent donc sans l'intervention d'un transfert.

Les autres exemples de succession aux créances qu'on nous oppose offrent ceci de remarquable, qu'il faut mettre en jeu les actions utiles. Lorsque j'étudierai le procédé de cession employé sous le Bas-Empire, je montrerai que l'usage des actions utiles ne constitue pas un transfert de la créance. Je néglige donc l'exposition de la transmission des créances au profit du *bonorum emptor* et du *bonorum sector* : les principes seront exposés quand nous étudierons la législation du Bas-Empire et les précédents fournis par la jurisprudence romaine.

Ce coup d'œil sur les idées générales et sur les deux systèmes en présence recevra son complément nécessaire dans l'examen des procédés employés à la réalisation de la cession et des effets qui leur sont propres. Je rechercherai, après avoir étudié les formes et les effets de la cession, la capacité requise chez les personnes qui y figurent; et enfin, les créances qui peuvent en faire l'objet.

CHAPITRE PREMIER

DES FORMES DE LA CESSION ET DE SES EFFETS.

Au temps de Gaïus, deux procédés juridiques étaient employés pour la cession de créance : la *novatio* et la *litis-contestatio*. Le jurisconsulte, après avoir exposé, au début du second livre de ses Institutes, par quels modes se transfère la propriété des choses corporelles, recherche par quels moyens s'aliènent les droits incorporels, et notamment les créances. Il s'exprime ainsi dans les paragraphes 38 et 39 :
« *Obligationes quoquo modo contractæ nihil eorum recipiunt :*
« *nam quod mihi ab aliquo debetur id si velim tibi deberi, nullo*
« *eorum modo quibus res corporales ad alium transferuntur*
« *id efficere possumus, sed opus est ut, jubente me, tu ab eo*
« *stipuleris ; quæ res efficit ut a me liberetur et incipiat tibi*
« *teneri ; quæ dicitur novatio obligationis. — Sine hac vero*

« *novatione, non poteris tuo nomine agere; sed debes ex* « *persona mea quasi cognitor aut procurator meus experiri.* » Ainsi, d'après Gaïus, les modes de transfert usités pour les choses corporelles ne sont plus applicables dès qu'il s'agit de l'aliénation de droits incorporels : ils sont remplacés par une *stipulatio* qui opère novation de la créance, par une *cognitio* ou une *procuratio*, qui produit également une novation au moment de la *litiscontestatio* [1].

Justinien, cependant, reproduisant, dans l'énumération des modes d'aliénation de la propriété, les termes mêmes dont s'était servi Gaïus, son guide habituel, passe sous silence ce qui concerne la cession des créances. Faut-il imputer cette omission « à l'ignorance ou à l'incurie d'un compilateur bysantin? » Il n'est pas nécessaire. Au temps de Gaïus, la *novatio* et la *litiscontestatio* étaient les seuls faits dont résultât la cession. Sous le Bas-Empire, ces procédés étaient à peu près tombés en désuétude; la pratique recourait plus volontiers à l'emploi des *actions utiles*, qu'une législation nouvelle permettait de substituer aux formes anciennes de la cession. L'intérêt pratique de cette énumération faisait défaut. L'intérêt historique ne se conçoit pas davantage, si l'on considère que les procédés indiqués par Gaïus trouvent logiquement leur place dans d'autres parties des Institutes. En traiter à propos d'aliénation, ce n'est que faire une application particulière de leurs effets. Mais de ce que Gaïus a pris le soin de signaler l'emploi de la *novatio* et de la *litiscontestatio* dans l'aliénation des créances, faut-il conclure qu'il leur attribue un

1. Gaïus (Inst. III, § 130) signale un troisième procédé de cession, la *transcriptio a persona in personam*. Je le laisse de côté : son examen nécessiterait une étude particulière du contrat *litteris*, et me forcerait à raisonner sur de simples conjectures, faute de documents certains sur cette matière.

rôle qui sort de leurs fonctions ordinaires, et qu'il entend en faire un mode de transfert proprement dit? Non; rien n'indique que ces procédés n'opèrent pas ici, comme dans les autres cas, novation de la créance. Cette explication admise, on comprend que Gaïus ait été amené à les nommer, en songeant à ce qui se passait dans la pratique. Il était utile, en effet, de dire par quels expédients la jurisprudence réalisait l'aliénation des créances.

Il me reste à prendre à part chacun des deux procédés et à examiner s'ils sont aptes à opérer un transfert.

§ I. — *De la cession par novation.*

Le premier procédé, indiqué par Gaïus, comme propre à la cession d'une créance, consiste dans une novation par stipulation.

Le mot *novation* n'éveille pas en nous l'idée d'un transport de créance. En France, il signifie la succession de deux créances dont l'une ne se forme que pour se substituer à la première, qui disparaît et lui cède la place. Ce double effet, à la fois extinctif et créateur d'obligation, se conçoit facilement dans la novation française.

Chez nous, l'extinction de la première obligation est le résultat du *mutuus dissensus* qui se produit lors de l'extinction de la seconde obligation. La volonté réciproque des parties faisant loi entre elles, il suit que la manifestation de leur convention est indépendante de toute question de forme. Aussi, peu importe la nature du contrat qui engendre la seconde obligation, il suffit que les contractants aient entendu nover une dette précédente. Je vous dois telle somme d'argent pour prix d'une vente que vous m'avez consentie; si nous convenons ensuite que je conserverai cette somme à titre de prêt, ou si nous convenons que je la conserverai à titre de dépôt, dans un cas comme dans l'autre, l'obligation née de la vente sera novée, parce qu'aux termes de l'art. 1273 du Code civil, il résulte clairement de l'acte l'intention de nover la dette primitive, et non de faire subsister deux dettes indépendantes et parallèles. Notre intention manifeste n'est pas que je paye deux fois la même somme, une fois à titre de prix, l'autre fois à titre de restitution de prêt ou de dépôt. Il y a plus, quelque changement que les parties aient introduit dans la dette primitive, elle est novée. Non seulement, le changement du créancier ou du débiteur, non seulement le changement dans la modalité de la dette, mais encore le changement dans l'objet même de cette dette suffit à la novation, parce que l'intention des parties est souveraine. Ainsi, après être convenus que je vous livrerai tant de mesures de blé, nous convenons que je vous livrerai tant d'hectolitres de vin, ma dette sera novée par cela seul qu'il sera établi que nous avions l'intention de substituer une dette nouvelle à l'ancienne.

La novation romaine diffère sensiblement de la novation française, et Gaïus lui-même, dans un autre passage de ses Institutes, va nous apprendre en quoi consiste cette novation, de quelle formule elle dépend, et confirmer notre première idée sur ses effets. Il la définit, à la manière habituelle des jurisconsultes romains, en exposant les cas dans lesquels elle se produit.

« *Prælerea novatione tollitur obligatio, veluti si quod tu* « *mihi debeas, a Titio dari stipulatus sim. Nam interventu* « *novæ personæ nova nascitur obligatio, et prima tollitur* « *translata in posteriorem ;.....* » — « *Sed si eadem persona* « *sit a qua postea stipuler, ita demum novatio fit, si quid* « *in posteriore stipulatione novi sit, forte si conditio, ve*

« *dies, vel sponsor adjiciatur, aut detrahatur.* » (Gaïus. Inst. III, §§ 176, 177.)

La première condition pour qu'une obligation puisse en nover une autre, c'est de revêtir une forme déterminée. Il faut qu'elle ait été stipulée. Sans stipulation, pas de novation. Au reste, dans ce moule uniforme de la stipulation peuvent se couler les obligations les plus diverses par leur nature. L'interrogation du créancier : *spondesne?* et la réponse du débiteur : *spondeo*, s'adaptent à toutes obligations, quelle que soit leur cause.

Le formalisme rigoureux du droit romain ne laisse pas à la seule intention des parties le pouvoir de nover. Cette intention s'apprécie d'après la forme du contrat, si d'ailleurs les autres conditions exigées pour la novation se trouvent réunies dans la stipulation.

La deuxième condition exigée par Gaïus est la présence d'un élément nouveau dans la seconde obligation (*si quid in posteriore stipulatione novi sit*). L'on conçoit que sans changement dans la dette, il ne puisse y avoir de novation, et que la seconde dette subsiste sans porter atteinte à la première. Des changements cités par Gaïus, changements de condition, de terme et de garanties accessoires, un seul nous intéresse, le changement de créancier (*interventu novæ personæ nova nascitur obligatio*).

La troisième condition aussi étrangère au droit français que la première, c'est l'identité d'objet dans les deux obligations : la chose déjà due doit être stipulée (*veluti si quod tu mihi debeas, a Titio dari stipulatus sim*). Cette nécessité de l'identité d'objet dans les deux obligations a pour cause l'extinction de la première. Dans la novation, la libération de la première dette n'est pas produite par une stipulation spéciale. La stipulation *habesne acceptum? — habeo*, n'est pas nécessaire. L'identité d'objet produit forcément l'extinction de la dette primitive. Cela tient à une règle de procédure et de bon sens ainsi formulée : « *Bis de eadem re ne sit actio* », autant qu'à la formule employée dans la stipulation. Si le nouveau créancier s'était contenté de stipuler le même objet (*idem dari spondes*), nous serions en présence d'une *adstipulatio*. (Gaïus, Inst. III, §§ 112, 116, 117.) L'objet ne serait, il est vrai, dû qu'une fois, puisque il n'a été stipulé une seconde fois qu'en tant qu'il est dû déjà ; mais il se trouverait dû à deux personnes différentes qui seraient simultanément créancières, bien que l'une d'elles en formant une demande en justice dût épuiser l'action et anéantir le droit de l'autre. Si, au contraire, on suppose, comme le fait Gaïus dans le texte que je viens de citer, que l'objet stipulé est *id quod debebatur*, ici l'objet n'est plus dû à la fois (*idem*) dans les deux obligations. Cette seconde stipulation ne fait aucune réserve pour le maintien de la première dette ; seulement, elle mesure l'étendue du droit nouveau, en se référant, pour la désignation de l'objet, à l'obligation précédente.

Pour juger de la portée de la novation, il faudrait déterminer le sens exact de l'expression *quod debetur*. Signifie-t-elle la chose matérielle qui fait l'objet de la première obligation, *eadem res, idem corpus?* Évidemment non, car s'il en était ainsi, la novation perdrait la plus grande partie de son utilité, et ne pourrait s'appliquer aux créances qui ont pour objet une chose fongible, telle qu'une somme d'argent. Il suffit donc que l'objet soit juridiquement identique, qu'il soit le même dans les deux obligations, considéré sous l'aspect que les parties ont eu en vue. Au temps de Papinien, l'intention des parties jouait déjà un rôle considérable dans la novation. Le grand jurisconsulte, ayant à décider si la créance qui avait pour objet le fonds Cornélien pouvait être novée par le créancier qui stipulait *quanti fundus est*, admet l'idée d'une novation, au cas où les parties ont eu l'intention de substituer la valeur du fonds au fonds lui-même (L. 28 D., *De nov.*, XLVI, 2). Mais le stipulant pourrait-il évaluer le *quantum* d'une dette précédente, dont la valeur serait incertaine? Un fait incontesté, c'est que ce créancier eût pu réclamer en justice une somme qu'il aurait rendue certaine par sa propre évaluation, sans craindre de se voir objecter qu'il réclame autre chose que ce qui lui est dû, (L. 9, D. *De reb. cred.*, XII, 1). Le seul danger qu'il aurait pu courir aurait été celui d'une *plus-petitio*. Si l'on remarque l'analogie qui existe entre la formule de la stipulation et la formule de l'action dont l'*intentio* reproduit les termes de la stipulation, on est porté à accorder au créancier le droit de liquider le montant d'une créance indéterminée, en la novant. Un motif de réciprocité justifierait d'ailleurs cette décision. Ulpien nous dit que le legs d'une somme déterminée peut faire l'objet d'une stipulation incertaine, de la part du légataire qui stipule de l'héritier ce qui lui est dû en vertu du legs, sans en rappeler le montant : *qui ita stipulatur, incertum in obligationem deducit, licet ex testamento certum debeatur*. Il semble qu'aucune raison ne s'oppose à ce qu'à l'inverse, une obligation incertaine ne soit novée par une obligation certaine.

Le texte de Gaïus, dans lequel j'ai recherché les conditions d'existence de la novation, en détermine le double effet : création d'une obligation nouvelle, et exstinction de l'obligation précédente : *Novatione prima tollitur obligatio; — Nova nascitur obligatio.*

On cherche à combattre la première partie de la définition du jurisconsulte, en la mettant en opposition avec la suite du texte où il semble dire de la première obligation qu'elle est *transférée* dans la seconde, *translata in posteriorem*. Il me semble impossible d'attribuer à Gaïus l'idée d'un transfert. Ce serait le déclarer coupable d'une contradiction qu'il n'a pu commettre, que de lui faire nier la succession des deux obligations, immédiatement après l'avoir établie en termes si nets et si précis. Ulpien, d'ailleurs, aurait commis la même négligence, car sa définition est conçue dans des termes semblables : « *Novatio est prioris debiti in* « *aliam obligationem vel civilem vel naturalem transfusio* « *atque translatio, hoc est, cum precedenti causâ ita nova* « *constituatur ut prior perimatur.* » (L. 1, pr. D. *De nov.*, XLVI, 2.) D'après Ulpien, comme d'après Gaïus, il y a bien dans la novation succession de deux obligations, et la naissance de la seconde a pour conséquence l'extinction de la première (*ita nova constituatur ut prior perimatur*). Mais dans ce dernier texte, on saisit plus clairement encore à quel objet s'applique l'idée de *transfusio* et de *translatio* : ce n'est pas à l'obligation elle-même, au rapport juridique des parties qui est anéanti, mais à la dette, à l'objet en tant qu'il est dû. Le jurisconsulte se garde bien de parler de la *transfusio prioris obligationis;* il se sert de l'expression *prioris debiti in aliam obligationem...... transfusio atque translatio,*

Donc dans la novation, telle qu'elle vient d'être définie, point de transport. Mais il nous reste à nous assurer que nous n'avons pas fait fausse route sur la foi d'une équivoque, et que la cession, telle que Gaïus l'entend, est bien une novation au sens où nous l'avons prise d'abord, au sens que lui-même lui attribue en la plaçant parmi les modes d'extinction des obligations, et en lui reconnaissant le pouvoir de créer une obligation nouvelle. A ne prendre que les termes dont il se sert pour caractériser l'opération, aucun doute n'est possible ; c'est une novation véritable (*quæ dicitur novatio obligationis*). Cependant, pour plus de sûreté, recherchons dans la cession, telle qu'il la décrit, les trois conditions constitutives de la novation ordinaire. Si nous les y trouvons, nous pourrons tenir pour certain d'être en présence d'une novation véritable, et non pas de je ne sais quelle novation bâtarde, dont l'effet serait d'opérer le transport de la créance cédée.

Qu'aurez-vous à faire pour devenir cessionnaire de ma créance? Sur mon ordre, répond Gaïus, vous stipulerez de mon débiteur la chose qui m'est due : il sera, en conséquence, libéré vis-à-vis de moi, et sera obligé envers vous; c'est ce qu'on appelle la novation de l'obligation. « *Sed* « *opus est ut, jubente me, tu ab eo stipuleris : quæ res efficit ut a me liberetur, et incipiat tibi teneri ; quæ dicitur* « *novatio obligationis.* » On le voit, les trois conditions essentielles à la novation sont formellement exigées dans ce texte. La condition de forme, la nécessité d'une stipulation est formellement exprimée : *stipuleris.* Les deux conditions de fond s'y trouvent également requises. La présence d'un élément nouveau, *aliquid novi*, résulte nécessairement de l'intervention du cessionnaire : c'est un des changements déjà prévus et permis par le jurisconsulte, dans sa définition de la novation (*interventu novæ personæ*). L'identité de l'objet est ici non moins manifeste, puisque l'objet que vous vous proposez d'obtenir de mon débiteur, ce que vous stipulez de lui, c'est l'objet même de ma propre créance.

La seule réunion des conditions constitutives de la novation ne laisserait subsister aucun doute sur la nature de la cession, et permettrait d'affirmer une identité parfaite entre ce mode de cession et la novation par changement de créancier. Gaïus, d'ailleurs, confirme surabondamment cette opinion lorsque, analysant les résultats de la cession, il lui attribue le double effet extinctif et créateur : *quæ res efficit*, dit-il, *ut a me liberetur, et incipiat tibi teneri.*

Mais une objection se présente, à laquelle je dois répondre. Gaïus, dans sa définition de la cession par stipulation, exige une quatrième condition, qui semble étrangère à la novation que produit d'habitude la stipulation faite par un nouveau créancier. Cette condition, c'est l'ordre donné par le cédant au cessionnaire d'intervenir à la stipulation : « *opus est ut*, JUBENTE ME, *stipuleris.* » Sans cet ordre, dit-on, la cession ne pourrait avoir lieu. Il la rend efficace à l'encontre du cédant. C'est le consentement donné par celui-ci à sa propre dépossession. Par le *jussum*, le cédant devient partie principale à la cession à laquelle il ne figure pas dans la stipulation. Le *jussum* donné par le cédant, l'acceptation qu'en fait le cessionnaire en y obéissant manifestent la volonté réciproque des parties d'aliéner et d'acquérir. De l'existence de cette volonté réciproque, élément essentiel à tout transport, on conclut à la réalisation nécessaire d'un transport dans la cession.

Je n'admets pas cette manière de raisonner. La volonté des parties ne doit avoir d'efficacité que dans la mesure du possible. Là où un transport répugne à la nature des choses, elle est impuissante à le réaliser. D'ailleurs la nécessité du *jussum* s'explique sans l'intervention d'un transport. Pour démontrer cette vérité, j'ai d'abord besoin de faire remarquer qu'à toute novation par changement de créancier, et, par conséquent, à la cession elle-même, se joint une autre opération distincte de la novation, mais pourtant nécessaire : une délégation, sans laquelle un changement de créancier ne peut se concevoir. La délégation n'a pas plus de formes qui lui soient propres que la donation, que la novation, qu'une foule d'autres faits : ces faits n'ont une existence juridique que quand, par l'emprunt de formes étrangères, ils se sont placés sous la protection des actions dont est muni l'acte qui les réalise. La délégation s'opère soit par la stipulation; soit par la *litiscontestatio* :

« *Fit autem delegatio*, dit Ulpien, *vel per stipulationem vel « per litis contestationem* » (L. 11, § 1, D., XLVI, 2); soit par une *transcriptio a persona in personam* : « *A persona in « personam transcriptio fit, veluti si..... Titius te delegave « rit mihi.* » (Gaïus, Inst., III, § 130.)

Mais sous ces formes étrangères, quelle est au fond la délégation? Les textes vont me répondre qu'elle réside dans l'ordre donné à quelqu'un de fournir à une autre personne une prestation, laquelle consiste dans une simple promesse. Elle tend à transformer son propre débiteur en débiteur du créancier envers lequel on était soi-même tenu; et par cette opération on se libère soi-même, comme si, au lieu de fournir au créancier la simple promesse d'un tiers, on avait effectué en ses mains un véritable paiement : « *Si debitorem meum tibi... promittere jussi...perinde suum « quasi exactam a debitore meo summam tibi donaverim, et « tu illam credideris.* » (L. 21, § 1, D., *de donat.* XXXIX, 5). « *Qui debitorem suum delegat pecuniam dare intelligitur.* » (L. 18, D. *de fidejus.* XLVI, 1). « *Solvit enim et qui reum delegat.* » (L. 8, § 3, D., *ad sc. Velleian*, XVI, 1). Mais en même temps que je modifie mes rapports avec le délégataire de ma créance, je modifie par là même mes rapports avec mon délégué. Je le libère de sa dette, ou s'il n'était pas déjà mon débiteur avant l'ordre que je lui ai donné, je deviens son emprunteur ou son donataire. Si le changement de mes rapports avec le délégataire et avec le délégué, si, en un mot, la délégation s'opère, comme nous l'avons vu, par une novation produite par la *stipulatio*, par la *litiscontestatio*, ou par une *transcriptio a persona in personam*, elle se prépare, elle s'achemine vers sa consommation par le concours des la volonté des trois personnes en jeu : délégant, délégataire et délégué.

A proprement parler, la délégation n'est comme son

nom semble l'indiquer, qu'un mandat, mandat à double face donné et accepté entre le délégant et le délégataire, d'une part, et, d'autre part, entre le même délégant et le délégué. En sorte que la délégation et l'ordre de promettre donné au débiteur sont une seule et même chose. Aussi les jurisconsultes ont pu, en parlant de la délégation, employer indifféremment le mot *delegare* ou le mot *jubere*. — Indiquant la forme dans laquelle pouvait se produire ce mandat Ulpien disait : « *Delegare scriptura vel nutu, ubi fari non potest, debitorem* « *suum quis potest.* » (L. 17, D. *de novat.* XLVI, 2), tandis que le texte que je citais tout à l'heure disait : « *Si debitorem* « *meum tibi..... promittere jussi.* » Le *jussum* peut être donné, d'après Ulpien, même par écrit, *scriptura*, même par simple signe, *nutu*; voilà pour la condition de forme. Mais quels sont la nature et les effets ordinaires du *jussum?*

L'effet du *jussum* n'est point de contraindre le mandataire à l'acte pour lequel il est donné. Le *jussum* du père de famille est indispensable au fils qui veut se fiancer ou se marier, ainsi que le prouve ce texte : « *Infamia notatur... qui* « *suo nomine, non jussu ejus, in cujus potestate esset :... sponsalia... vel nuptias... habuerit.* » (L. 1, D. *de his qui notantur* III, 2.) « ... *hoc fieri debere et civilis et naturalis ratio* « *suadet in tantum ut jussum parentis præcedere debeat.* » (Justinien, Inst. I, t. 10 pr.); et cependant le fils garde la liberté de ne se pas marier : « *Non cogitur filiusfamilias* « *uxorem ducere.* » (L. 21, D. *De ritu nupt.* XXIII, 2). Le *jussum* du père de famille est ici son simple assentiment donné au mariage de son fils. C'est encore un simple consentement que le *jussum* donné par le maître à l'esclave pour faire adition d'hérédité, car ce *jussum* ne lui impose aucune contrainte : « *Potuit enim, quamvis jubente domino,* « *nolle adire.* » (L. 3, C. *de her. inst.* VI, 24). Le caractère propre, l'effet original de ce consentement, ce qui le distingue du mandat ordinaire, c'est d'approprier à celui qui le donne l'acte qu'il autorise. C'est le maître qui acquiert l'hérédité acceptée par l'esclave et qui est tenu des charges héréditaires. La donation faite par le fils sur son pécule, avec autorisation paternelle, est faite par le père même : « *Quod filiusfamilias patris jussu aut voluntate donavit, perinde est ac si pater ipse donaverit.* » (L. 9, § 2. D. *de donat.* XXXIX, 5). Un autre effet du *jussum* est non pas seulement de s'adresser à la personne à qui il est donné, mais encore de s'étendre à la personne avec qui on est autorisé à contracter. Lorsqu'il donne à son fils ou à son esclave l'ordre de s'obliger, le père de famille se trouve tenu envers le créancier de ceux-ci par l'action *quod jussu.*

Enfin, il faut le remarquer, le *jussum* rend le *jubens* partie principale dans l'opération, et le fait participer aux résultats de l'acte autorisé, sans le faire intervenir directement à cet acte. Ulpien exprime formellement cette séparation du *jussum* et de l'acte autorisé, lorsqu'il la pose comme une différence entre le *jussum* donné à une personne en puissance, et l'*auctoritas* du tuteur qui intervient à l'acte même pour compléter la capacité du pupille.

De tout ceci, il me semble résulter que le *jussum* n'a pas effet que les partisans du transfert veulent lui prêter. Son intervention est nécessaire dans toute novation par changement de créancier et n'implique pas l'idée d'un transfert de la créance.

§ II. — *Des effets de la cession par novation.*

Se demander quels sont les effets de la cession, c'est se demander si les vices qui affectaient la première créance, les avantages qui en augmentaient la valeur, affecteront la seconde ou augmenteront sa valeur.

Exceptions. — J'examinerai d'abord le sort des exceptions que le débiteur pouvait opposer au créancier originaire pour paralyser son action. Il est presque inutile de faire remarquer que, parmi les exceptions, celles qui tiennent à la personnalité du créancier sont aussi variables que les créanciers qui se succèdent par des cessions renouvelées, et que l'examen de la transmission des exceptions pourrait se borner à celles qui sont inhérentes à la créance cédée.

Exceptions inhérentes à la créance. — La question ainsi posée est une question de formule. Le cessionnaire a pu stipuler l'objet de la dette *in concreto* ou *in abstracto*. S'est-il contenté de stipuler ce qui était dû, sans désigner autrement l'objet de la dette? le sort de sa stipulation dépendra de celui de la dette qu'il a voulu nover. Au cas où, en réalité, le débiteur ne devait rien, il se trouve avoir fait une stipulation sans objet. S'il était dû quelque chose, mais sous certaines restrictions, il supportera, dans la seconde créance, les mêmes restrictions. La seule protection accordée au cessionnaire serait une réplique de dol contre l'exception qui serait opposée par un débiteur de mauvaise foi. Le cessionnaire a-t-il, au contraire, stipulé l'objet de l'obligation précédente, en le désignant? peu importe que la première créance n'existe pas, peu importe qu'elle soit en partie paralysée, puisque la nouvelle obligation a un objet déterminé indépendant et distinct.

Ces deux sortes de formules sont signalées dans les textes.

Nous trouvons la formule *in abstracto* dans les lois 8, § 2, et 27, *de novationibus et delegationibus* : « *Quod a Titio* « *stipulatus fuero dare spondes?* — « *Quidquid ex vendito*

« *dare facere oportet?* » et la formule *in concreto* dans la même loi 8, § 4 : « *Si decem quæ mihi Titius debet, aut* « *decem quæ Seius debet, a Tertio stipulatus fuero...* »

Cette diversité de formules suffit à expliquer les décisions, en apparence contradictoires, de certains textes qui tantôt admettent la transmission des exceptions, et tantôt regardent ces exceptions comme éteintes.

La loi 32, D. *de soluto matrim.* xxiv, 3, suppose un mari débiteur de la dot de sa femme ; celle-ci se remarie, après divorce, et cède sa créance dotale à son nouveau mari. Le premier mari peut-il opposer au second le bénéfice de compétence, c'est-à-dire l'exception inhérente à la première obligation, qui devait limiter sa condamnation au montant de ses ressources, *in id quod facere potest?* Oui, répond Julien. Et il motive sa décision affirmative sur ce que c'est la dot, telle qu'elle était due, qui a été stipulée par le cessionnaire. Le jurisconsulte formule ainsi sa décision : « *Si prior maritus posteriori dotis nomine tanquam* « *debitor mulieris dotem promiserit, non plus, quam id* « *quod facere possit, dotis futurum esse* ».

Dans la loi 7, §§ 6 et 7, D., *ad sc. Maced.* xiv, 6, Ulpien suppose un *mutuum* fait à un fils de famille. Le cessionnaire de la créance du prêteur pourra se voir opposer, par l'emprunteur, l'exception du sénatus-consulte Macédonien, qui était opposable au cédant. « *Non solum ei qui mutuam* « *dedisset, sed et successoribus ejus deneganda est actio.* — « *Proinde et si alius mutuam dedit, alius stipulatus est, dabi-* « *tur adversus eum exceptio, licet hic non dederit.* » Pour qu'il puisse être question de successeurs, il faut que ce soit la dette elle-même qui ait été stipulée telle qu'elle se comportait dans l'obligation primitive, et non telle somme déterminée qui en faisait l'objet.

Exceptions personnelles. — Quant aux exceptions personnelles, il va de soi que celles qui étaient opposables au cédant ne peuvent être invoquées contre le cessionnaire ; qu'elles sont uniquement dépendantes des rapports personnels qui existent entre le débiteur et chacun de ses créanciers successifs.

Parmi les exceptions personnelles il faut ranger celle qui se fonde sur la compensation. Lorsque la même personne est à la fois débitrice et créancière d'une autre, on comprend, en droit rigoureux, que les deux créances puissent coexister d'une manière indépendante, et que chaque partie puisse demander à l'autre le paiement de son obligation. Mais, si les principes généraux permettent la simultanéité de deux actions réciproques, l'équité s'oppose à ce que le plaideur le plus diligent obtienne le paiement intégral de sa créance, alors qu'il est lui-même débiteur de son adversaire : ce serait recouvrer plus qu'il ne doit en définitive recevoir. Le Préteur voyait, dans cette réclamation, un acte contraire à l'équité, une sorte de dol envers le debiteur poursuivi ; et la compensation s'opérait ainsi, *ipso jure*, sans qu'elle fût proposée d'une manière formelle, l'exception de dol insérée dans la formule obligeant le juge à tenir compte de la compensation : « *opposita doli mali* « *exceptione, compensatio inducebatur.* » (Justinien, Inst. IV, t. 6, § 30.)

Ce détail de procédure est significatif. En montrant la compensation dépourvue de tout effet, jusqu'au moment où une exception est proposée, il dit assez que la créance elle-même n'en est pas affectée, que le cessionnaire ne subit pas la compensation qui aurait pu être opposée au cédant. Cette exception a, pour le législateur français, un caractère tellement personnel que, bien que, dans la rigueur des principes, elle opère de plein droit entre le cédant et le débiteur avant la cession, cependant elle ne peut être opposée au cessionnaire, lorsque le débiteur a accepté purement et simplement la cession. (Art. 1295.)

Ce que j'ai dit de la compensation, s'applique à l'exception de dol. Le dol ne vicie pas le consentement du débiteur, qui ne s'est décidé à contracter, que trompé par des machinations frauduleuses. Dans la pensée de la jurisprudence romaine, l'erreur du débiteur n'a pas empêché son consentement d'être entier et volontaire, et le dol ne fait pas obstacle à la validité de l'obligation, seulement il engendre, de la part de son auteur, quel qu'il soit, partie contractante ou tiers, une obligation de réparer le préjudice causé. Cette dette, distincte de celle du contrat entaché de dol, reçoit un caractère personnel de la fraude qui lui a donné naissance. L'exception ne sera pas opposée au créancier, en sa qualité de partie contractante, mais en sa qualité d'auteur du dol. Il en résulte que ce cessionnaire n'en sera passible qu'au cas où il sera personnellement coupable de fraude. Ulpien refuse l'exception de dol aussi bien contre le cessionnaire d'une créance que contre l'acquéreur d'une chose corporelle ou d'une hérédité. (L. 4, § 20 et suiv. D. XLIV, 4). Paul prend le soin de nous prémunir contre cette idée, que la perte de l'exception de dol pourrait provenir de la renonciation que le débiteur serait présumé y avoir faite en s'engageant envers le cessionnaire. L'exception n'en serait pas moins perdue alors qu'au moment de la stipulation, le cessionnaire aurait ignoré son existence dans l'obligation précédente. (L. 12, D. *De novat.* XLVI, 2).

Privilèges. — Le privilège est la cause qui fait préférer un créancier dans la distribution des deniers d'un débiteur. Les privilèges sont de deux sortes : les uns sont inhérents à la créance ; les autres tiennent à la personne du créancier : « *Privilegia quædam causæ sunt, quædam personæ* » (L. 196, D. *De reg. jur.* L, 17).

Parfois, c'est une faveur accordée à la personne du créancier, lorsque celui-ci est un mineur, une femme mariée, à qui la restitution de sa dot doit être assurée : « *Non* « *enim causæ, sed personæ succurritur, quæ meruit præcipuum* « *favorem.* » (L. 42, D. *De admin. tut.* XXVI, 7.) Le privilège fait alors partie d'un système de protection dont la loi entoure certaines personnes. La créance n'est privilégiée qu'autant qu'elle est en leurs mains, et perd, par la cession, sa qualité d'emprunt : « *Ut ubi personæ conditio locum* « *facit beneficio, ibi, deficiente ea, beneficium quoque defi-* « *ciat...* » (L. 68, D. *De reg. jur.*, L. 17.) L'action *tutelæ*, l'action *rei uxoriæ* n'apportent avec elles aucun privilège au cessionnaire. «... *Perit privilegium dotis, et tutelæ, si* « *post divortium dos in stipulationem deducatur, vel post* « *pubertatem tutelæ actio novetur...* » (L. 29, D. *De no-* « *vat.* XLVI. 2).

Au contraire, certains privilèges tiennent à la nature d'une créance dont un intérêt général et d'ordre public exige la protection. Ces privilèges accompagnent la créance en quelques mains qu'elle passe : « *ubi vero genus actionis* « *id (beneficium) desiderat, ibi, ad quemvis persecutio ejus* « *devenerit, non deficiat ratio auxilii.* » (L. 68, D. *De reg. jur.*, L, 17.)

Le privilège des frais funéraires, dont la cause réside dans l'origine de la créance, persiste dans la créance novée. (L. 17, D. *de reb. auct. jud.* XLII, 5.) Il en est de même pour les créances fiscales. (L. 2, C. *qui potiores* VIII, 19.) Comment expliquer la survivance du privilège à la cession? Est-il nécessaire, pour la comprendre, d'admettre l'identité de la créance novée avec la créance primitive à laquelle le privilège était inhérent? Je ne le pense pas. Les conditions, dans lesquelles doit être faite la stipulation qui opère novation, en donnent suffisamment le motif. Pour qu'il y ait novation, il faut qu'il y ait stipulation de la chose comprise dans la précédente obligation, *ejusdem debiti*. Mais en quoi consiste le *idem debitum?* Là est la question. Si c'est simplement la somme d'argent due, le privilège ne passerait pas dans la seconde obligation, alors même qu'il serait expressément stipulé, puisque le débiteur ne peut pas accorder une préférence à l'un de ses créanciers. Si, au contraire, dans son sens technique, le *idem debitum* ne signifie pas seulement l'objet matériel qui est précédemment dû, mais l'objet juridique de la première obligation; s'il ne signifie pas seulement la somme d'argent, mais encore le privilège qui se trouve dû lui aussi, non moins que la somme, il devient évident qu'au lieu d'être une question d'identité entre les deux créances, la survivance du privilège à la novation est une condition fondamentale de la validité de la novation. L'on ne saurait donc argumenter de la persistance du privilège pour vouloir prouver la persistance de la créance originaire; elle tient à la nature de la novation qui même, en créant une dette nouvelle, doit, sous peine de ne pas être valable, la créer telle qu'était l'ancienne, avec les qualités qui lui étaient inhérentes et qui complétaient sa physionomie juridique.

Garanties accessoires. — Je passe aux droits accessoires qui garantissent une créance principale, hypothèque, caution, intérêts d'une somme d'argent. Ce sont là de véritables droits, distincts de la créance, dont ils augmentent l'utilité. Les droits accessoires, tels que l'hypothèque, le cautionnement, sont destinés, par leur but, à ne subsister que jusqu'à ce que le créancier ait reçu satisfaction. Aussi, toute libération du débiteur les éteint par voie de conséquence. « *In omnibus speciebus liberationum etiam accessiones liberantur; puta adpromissores, hypothecæ pignora.* » (L. 43, D. *de solut. et liberat*, XLVI, 3.)

L'hypothèque se distingue de la créance par sa nature : elle est un droit réel, l'autre, un droit personnel ; par son origine : l'une naît d'un contrat, et l'autre d'un pacte ; par les actions qui les mettent en œuvre : l'une est sanctionnée par une action personnelle, et l'autre, par une action hypothécaire.

L'hypothèque ne pourra pas se transférer par la novation opérant la cession de la créance qu'elle garantit. Elle prend fin, en effet, avec la créance originaire. « *Novatione* « *legitime facta liberantur hypothecæ et pignus....* » (L. 18, D. *de novat.*, XLVI, 2.)

Il faudra donc pour que l'hypothèque continue à garantir la créance cédée, que le propriétaire de la chose consente à ce qu'elle demeure hypothéquée : « *Novata debiti obligatio,* « *pignus perimit, nisi convenit ut pignus repetetur.* » (L. 11, § 1. D. *de pign. act.* XIII, 7.)

Mais comment le propriétaire consentira-t-il la cession de l'hypothèque au nouveau créancier ? Ce sera précisément par le mode qu'il doit employer pour l'établir, par un pacte. Il semble donc que la *repetitio pignoris* donne au cessionnaire de la créance une hypothèque nouvelle, et non l'hypothèque de l'ancienne créance. On objecte que l'hypothèque ainsi renouvelée conserve sa date primitive. (LL. 3, 12, §§ 5 et 8, L. 16, D. *qui pot.*, XX, 4) ; qu'elle conserve en outre tous les avantages particuliers qui la distinguent ; qu'il y a, suivant les textes, *successio* entre les deux créanciers, «... *ut jus prioris creditoris ad sequentem transeat.* » (L. 7, § 6, D. *de rebus eorum qui sub tutelâ*, XXVII, 9) etc. ; que le débiteur est capable de consentir à la *repetitio pignoris*, alors même qu'il serait incapable de consentir une hypothèque nouvelle. (*Loc. cit.*)

Si je ne me trompe, la cession de l'hypothèque peut s'expliquer sans qu'il faille faire intervenir l'idée d'un transport. De ce que la créance originaire dont l'hypothèque primitive n'était que l'accessoire est éteinte par la cession, il résulte nécessairement que l'hypothèque a subi le même sort. La *repetitio pignoris* ne continue donc pas l'ancienne hypothèque, mais la fait revivre dans une hypothèque nouvelle et distincte. Nous sommes en présence d'une sorte de novation de l'hypothèque. Mais, qu'on le remarque, la conséquence forcée de cette idée, c'est que l'hypothèque novée ait la même étendue que la précédente, c'est que l'objet de l'hypothèque reste identique à lui-même après comme avant la novation. Pour que le droit de suite, pour que la garantie ne varient pas, il est indispensable que la date des deux hypothèques soit la même.

Que l'hypothèque ait été constituée par le débiteur ou par un tiers, le cédant doit garantir au cessionnaire son renouvellement : « *Venditor actionis, quam adversus prin-* « *cipalem reum habet, omne jus, quod ex causâ ei competit,* « *tam adversus ipsum reum, quam adversus intercessores* « *hujus debiti cedere debet, nisi aliud actum est* ». (L. 23, D. *de hered. vel act. vend.* XVIII, 4).

Cautions. — L'obligation dont est tenue la caution est accessoire, mais distincte de l'obligation principale. Ce que j'ai dit de l'hypothèque peut être dit de la caution. La cession de la créance principale nécessite la cession de la créance accessoire. Chacune des deux dettes sera novée par une stipulation distincte ; la caution réitérera son engagement, comme le débiteur principal : « *Novatione legitimè* « *perfectâ debiti in alium translati, prioris contractus fide-* « *jussores vel mandatores liberatos esse non ambigitur, si* « *modo in sequenti se non obligaverunt.* » (L. 4, C. *de fidejus.* VIII, 41).

Intérêts. — Les intérêts que produit une créance sont-ils compris dans la cession de cette créance? Tout dépend de l'étendue des termes de la formule employée par le cessionnaire dans la stipulation. Si la formule était conçue au présent, si l'objet stipulé est simplement *quidquid dare facere oportet*, les intérêts échus seront seuls considérés comme accessoires de la dette principale, et, par suite, cédés avec elle. « *Emptor cum delegante venditore pecuniam* « *ita promittit, quidquid ex vendito dare facere oportet,* « *novatione secuta, usuras neutri post insecuti temporis* « *debet.* » (L. 27, D. *De novat.* XLVI, 2.) « *Novatione legitimè facta..... usuræ non currunt* » (L. 18, *eod. tit.*). Mais, si les termes de la formule comprennent les accessoires futurs de cette dette (*quidquid dare facere oportebit*), les intérêts à échoir seront eux-mêmes compris dans la cession : « .... *quia qui stipulatur* QUIDQUID TE DARE OPORTET, « *demonstrat eam pecuniam quæ jam debetur; quod si to-* « *tam demonstrare vult, dicit* OPORTEBIT, *ita* PRÆSENS IN « DIEMVE. » (L. 76, § 1, D. *de verb. obl.* XLV, 1.)

Après avoir exposé les conséquences de la cession de créance par stipulation, je dois en tirer une conclusion relative à la nature de ce procédé de cession. Des exceptions et des priviléges que leur caractère personnel empêche d'invoquer pour ou contre le cessionnaire, il ne saurait être question ici, puisqu'ils sont loin d'offrir une preuve de l'identité de la créance novée avec la créance originaire.

Ils sont, au reste, hors de cause, puisqu'ils dépendent de la personne du cessionnaire et non de la créance. Mais la persistance de certaines exceptions, de certains priviléges dans la créance novée fait-elle preuve d'un transfert? Non, assurément. Car, ainsi que nous l'avons vu, leur présence dans l'obligation tient à ce que la formule dont s'est servi le cessionnaire, en a fait l'objet de sa stipulation. Les privilèges inhérents à la créance originaire ne sont pas un témoignage plus probant. Ils sont une qualité constitutive de l'individualité de l'objet dû. La nécessité de l'identité juridique de l'objet dans les deux créances, explique que cette qualité se retrouve toujours dans la créance novée. Quant à l'extension de la dette aux intérêts qui en sont les accessoires, c'est encore de la formule de la stipulation qu'elle dépend. La présence des droits accessoires qui, comme l'hypothèque et la caution, garantissent la créance principale, est le résultat d'une cession accessoire, mais distincte, de celle de cette créance. Il en résulte que c'est dans la nature de la stipulation dont l'influence se fait uniquement et normalement sentir dans les effets de la cession, qu'il faut rechercher la nature juridique de la cession de créance. Or ce procédé que nous avons analysé, décomposé dans les détails de son mécanisme, bien loin de se prêter à l'idée d'un transfert véritable de la créance cédée, implique au contraire la novation de la créance, c'est-à-dire la succession de deux créances distinctes l'une de l'autre, que l'identité de leur objet rendait à peu près équivalentes.

Il me reste à signaler un dernier effet de la stipulation dans la cession de la créance. Il a trait à l'action qui met en œuvre le droit du créancier. La première obligation était sanctionnée par une action dont la nature était déterminée par la cause qui lui avait donné naissance. Si la dette provenait d'une stipulation, l'action, à la vérité, était une action de droit strict; mais, si cette dette avait reçu l'existence d'un contrat de bonne foi, tel qu'une vente, un louage, etc., elle était protégée par une action de bonne foi, action *venditi, locati*, etc. Lorsque, cependant, cette créance a été novée par la stipulation qui en opère la cession, sa propre nature, c'est-à-dire la nature de son action, se trouve profondément modifiée : l'action qui compète au cessionnaire est toujours une action de droit strict, une *condictio*. Dira-t-on que les rapports du créancier au débiteur n'ont pas été atteints par la transformation de l'action primitive ; que la position du débiteur est aggravée plus en apparence qu'en réalité ; que le changement survenu dans l'action porte plus sur les formes de la procédure que sur le droit lui-même ; qu'en définitive le créancier ne pourra jamais demander, par la nouvelle action, que la chose que l'ancienne loi assurait. Qu'importe que l'objet de la dette soit le même dans les deux obligations ? Est-ce uniquement dans la faculté d'obtenir la chose due que consiste l'obligation ? Non, certes. C'est aussi, et encore plus dans le droit d'en poursuivre l'obtention par la voie d'une action, c'est-à-dire par une procédure qui donnera au droit plus ou moins d'énergie et d'étendue. En sorte qu'être placé sous le coup de poursuites plus rigoureuses, c'est pour le débiteur être tenu d'une obligation plus étroite, et tomber dans une position fâcheuse où ne la plaçait pas la dette primitive. La transformation de l'action dans la créance novée est, plus encore que les autres effets de la stipulation, une preuve irrécusable de la novation de cette créance.

§ III. — *De la cession par* litiscontestatio.

Le second procédé de cession que Gaïus nous indiquait tout à l'heure, consiste dans l'emploi de la *procuratio in rem suam*. Pour devenir cessionnaire de ma créance, vous intenterez l'action qui m'appartient, comme si vous étiez mon *cognitor* ou mon *procurator*. « *Sed debes ex persona* « *mea, quasi cognitor aut procurator meus, experiri* ».

Pour bien faire saisir l'effet de la *procuratio* dans la procédure romaine, il est indispensable de rappeler brièvement les différentes phases de l'instance; de dire les modifications que la *litiscontestatio* apporte dans le droit poursuivi en justice. Après cette exposition seulement nous pourrons étudier les effets de la *procuratio in rem suam* combinée avec la *litiscontestatio*, et voir la cession d'une action résulter de la réunion de ces deux faits.

Au temps de Gaïus, époque à laquelle nous nous sommes reportés, la procédure formulaire est en vigueur. L'instance civile se divise en deux phases bien distinctes, dont la première se déroule, *in jure*, devant le Préteur, et la seconde, *in judicio*, devant le juge. Au magistrat il appartient de décider si, à supposer prouvées les allégations de fait apportées par le demandeur, l'action est recevable en droit. Si oui, il délivre aux parties une formule qui donne au juge mission de connaître des faits contestés, en précisant l'objet du litige et qui lui confère le pouvoir de condamner ou d'absoudre le défendeur, suivant que la prétention du demandeur sera ou non reconnue fondée. Sous l'antique système des actions de la loi, le jugement avant faire droit était rendu de vive voix par le Préteur, et confié à la mémoire des auditeurs qui témoignaient de l'exactitude des déclarations des plaideurs, lorsqu'ils venaient soumettre au juge le débat circonscrit par le Préteur à la question de fait. On appelait *litiscontestatio* l'appel que les parties faisaient au témoignage futur des assistants. Sous la procédure formulaire on donne ce nom, en souvenir du passé, à la délivrance de la formule qui tient lieu de l'intervention de témoins. L'effet de la *litiscontestatio*, de la délivrance de la sentence conditionnelle contenue dans la formule, est important. Les parties, en acceptant le débat ainsi précisé, sont tenues, *quasi ex contractu*, d'une obligation réciproque de se soumettre à la décision du juge. L'instance liée, la créance originaire a disparu; elle est consommée, parce qu'elle a accompli sa mission qui était de conduire le créancier au seuil de l'instance; mais elle a fait place à un droit nouveau, celui d'obtenir une sentence définitive. En un mot, la *litiscontestatio* opère une *novatio* dans le droit du créancier, et les jurisconsultes, pour caractériser son effet, ne craignent pas de lui donner ce nom dans des textes nombreux. Scévola attribue à la novation par stipulation et à la *litiscontestatio* la même nature (L. 60, D., *De fidejuss. et mandat.*, XLVI, 1). Papinien voit dans la *litiscontestatio* une forme de la novation : « ..... *inchoatis litibus actiones novavit.* » (*Frag. vat.* 263). Justinien reproduit la même idée : « ..... *novatur judicati actione prior contrac-* « *tus.* » (L. 3, C. *De usuris rei judicatæ*, VII, 54). Paul oppose la *novatio voluntaria* au *judicium acceptum*, et nous fait ainsi pressentir que, si une différence existe entre la stipulation qui est volontaire et la *litiscontestatio* qui s'impose au débiteur, l'une et l'autre ont au fond une même nature, et généralement des effets semblables.

L'effet de novation résultant de la *litiscontestatio* ne peut nous surprendre, étant donnée la nature de la créance, telle que la concevaient les jurisconsultes romains. Pour eux, la créance était un simple droit à une action en justice; lorsque l'instance était organisée, c'est-à-dire, lorsqu'intervenait la *litiscontestatio*, le droit du demandeur était consommé, épuisé. Le droit de créance était ainsi éteint de plein droit dans tous les *legitima judicia* [1], lorsque la formule était conçue *in jus*. Le caractère per-

1. *Legitima judicia*, instances entre citoyens romains, à Rome ou à un mille de Rome, devant l'*unus judex*.

sonnel de l'action ne suffisait pas, en dehors de ces deux conditions, à produire *ipso jure* l'extinction de la créance : le débiteur seul était reçu à faire valoir la novation du droit dont l'exécution était poursuivie contre lui, en l'opposant à titre d'exception, *exceptionis ope*. Mais, je l'ai dit, un droit nouveau prenait la place du droit de créance, celui de retenir au procès le défendeur lié par son acceptation forcée de la formule, et de le contraindre à subir la décision à intervenir. Cette succession de deux droits, différents par leur nature et par leur but, est indiquée par Gaïus : « ...*tunc obligatio quidem principalis dissolvitur, incipit autem teneri reus litiscontestatione...; et hoc (est) quod apud veteres scriptum est : ante litem contestatam dare debitorem oportere, post litem contestatam condemnari oportere....* » (Inst. III, § 180). L'instance est, en effet, propre à opérer novation du droit, à ce point que le jurisconsulte peut ajouter, en faisant allusion au nouveau changement que la *condemnatio* apportera dans l'action du créancier : « *post condemnationem judicatum facere oportere.* » L'obligation née de la *litiscontestatio* sera à son tour transformée par la sentence du juge en un droit nouveau ; et ce droit nouveau sera sanctionné par l'action *judicati*, qui n'aura plus pour objet la chose due par le débiteur, mais bien le paiement d'une somme d'argent fixée par la condamnation.

Ainsi, il en est de la créance *deducta in judicio*, comme de la créance *deducta in stipulatione* : elle est novée. Il s'agit maintenant de montrer comment dans la *litiscontestatio*, aussi bien que dans la stipulation, peut figurer un créancier nouveau sous le nom de *cognitor* et de *procurator*.

A Rome, la représentation en justice était, à l'origine, impossible. On ne pouvait plaider par procureur dans les actions de la loi : « *cum olim, quamdiu... legis actiones in* « *usu fuissent, alterius nomine agere non liceret.* » (Gaïus, *Inst.* IV, § 82). Pour se dispenser d'intervenir en personne, il fallait constituer un mandataire chargé d'agir en son nom propre, et tenu de transférer à son mandant le bénéfice de la condamnation obtenue. Mais, pour agir en son propre nom, le mandataire avait dû se rendre cessionnaire de la créance par une stipulation préalable. Plus tard, à l'époque où Gaïus écrivait, on plaidait également en son nom personnel ou par le ministère d'autrui, et Gaïus nous en avertit encore, au début du paragraphe auquel j'empruntais la citation précédente : « *Nunc admonendi sumus,* « *agere posse quemlibet aut suo nomine, aut alieno : alieno,* « *veluti cognitorio, procuratorio....* »

Le représentant en justice fut, au début, un *cognitor*. Le *cognitor* était constitué devant le magistrat, en présence du défendeur auquel le demandeur signifiait la constitution en ces termes : « *Quod ego tecum agere volo, in eam rem* « *Lucium Titium tibi cognitorem do.* » (Gaïus, Inst. IV, § 83.) Cette solennité de formes dans la constitution du *cognitor* avait un double but. Elle rendait le débiteur non recevable à lui dénier le droit d'intenter l'action ; elle protégeait aussi le débiteur, lié au *cognitor* par la *litiscontestatio*, en lui permettant de repousser le créancier qui tenterait d'introduire personnellement une nouvelle instance. Le créancier ne serait pas admis à lui dire : Vous vous êtes engagé inconsidérément envers mon prétendu *cognitor* qui agissait sans droit ; la *litiscontestatio* intervenue entre vous et lui est, à mon regard, une *res inter alios acta* ; mon action subsiste toujours.

L'intérêt du débiteur pouvait être sauvegardé d'une autre façon. Un simple *procurator*, constitué sans formes solennelles, pouvait sans danger pour le débiteur être admis à représenter en justice son mandant, s'il fournissait caution de défendre son adversaire contre les poursuites ultérieures de celui-ci : « *Procurator vero si agat, satisdare jubetur vel* « *ratam rem dominum habiturum : periculum enim est ne* « *iterum dominus de eadem re experiatur ; quod periculum* « *non intervenit, si per cognitorem actum fuit, quia de qua* « *re quisque per cognitorem egerit, de ea non magis amplius* « *non actionem habet quam si ipse egerit.* » (Gaïus, *Inst.* IV, § 98.)

La *cognitio* et la *procuratio* atteignaient donc un même résultat. Mais les conditions qui leur étaient imposées rendaient leur usage difficile, et devaient être simplifiées. La jurisprudence écarta la nécessité des formes solennelles pour la constitution du *cognitor*. Tandis qu'à l'époque de Gaïus, elle était faite *cum certis et quasi solemnibus verbis* (Gaïus, *Inst.*, IV, § 97), quelques années après, Ulpien et Papinien admettent que la présence des parties devant le magistrat et des paroles quelconques suffisent à sa validité : « *Ulpianus libro* VIII *ad edictum* : *Non tamen sic putat certis* « *verbis cognitorem dari debere.....* » — « *P. etiam græcis* « *verbis cognitorem dari posse inter omnes constat.* » (Frag. Vatic., 318, 319.) De sorte que le *procurator præsentis* est assimilé au *cognitor* : « ..... *præsentis procuratorem pro* « *cognitore placuit haberi.* » (Frag. Vat., 331.) Le *procurator absentis* reste seul tenu de fournir caution : « *Absentis* « *procuratorem satisdare debere de rato habendo recte res-* « *ponsum est.* » (Frag. Vat., 333.)

Un dernier progrès restait à réaliser : c'était d'admettre la représentation en justice toutes les fois que l'existence d'un mandat serait prouvée, de faire disparaître les dernières nécessités de formes rigoureuses, et d'effacer toute différence entre le *procurator absentis* et le *procurator præsentis*. Cette réforme se fit en deux étapes bien marquées.

Les parties sont, d'abord, dispensées de la comparution devant le magistrat. La constitution du *procurator* se fait par déclaration écrite, déposée au greffe du tribunal (Frag. Vat., 317), ou par un libelle adressé au prince (L. 21, D. *ratam rem hab.*, XLVI, 8), ou par une simple notification adressée au débiteur. (L. 65, D. *de procur.*, III, 3.) Tout *procurator* constitué de ces différentes manières est assimilé, comme le *procurator præsentis*, au *cognitor*.

Enfin, la *procuratio* devient exempte de toutes formes déterminées. Il suffit que le *procurator* ait la qualité de mandataire, qu'il s'attribue. Tout vrai représentant peut, au témoignage d'Ulpien, déduire la créance d'autrui en justice. « *Verum procuratorem in judicium rem deducere verissimum est.* » (L. 56, D. *de judic.*, V, 1.)

Les principes de la novation par *litiscontestatio* et de la *procuratio* rappelés, je puis montrer comment le représentant en justice devient personnellement créancier par l'effet de la *litiscontestatio* ; je chercherai ensuite à établir comment la *procuratio in rem suam* réalise la cession de l'action intentée.

Gaïus a supposé, tout à l'heure, Lucius Titius devenu le *cognitor* de Publius Mœvius ; à une époque postérieure, ce que Gaïus dit du *cognitor* s'appliquera sans difficulté au *procurator*. La *procuratio* constituée, Publius Mœvius, le mandant, demeure créancier et demandeur jusqu'à ce que l'instance soit liée. Ce n'est que dans la novation produite par la *litiscontestatio* que le *procurator* Lucius Titius acquiert un droit personnel à la condamnation du débiteur. C'est ce qu'exprime Gaïus, en disant : « *Qui autem alieno nomine agit, intentionem quidem ex persona domini sumit, condemnationem autem in suam personam convertit.* » (Gaïus, *Inst.*, IV, § 86.) Le jurisconsulte montre, dans la suite du texte, l'application de ce principe dans la procédure. Le nom du créancier figure seul dans l'*intentio* de la formule : « *Si paret Numerium Negidium Publio Mœvio* « *sestertium X millia dare oportere...* » Au contraire, c'est le nom du *procurator* qui remplace celui du demandeur dans la *condemnatio;* car lorsque le juge, après la constatation des faits allégués, rendra définitive la condamnation hypothétique de la formule, la *litiscontestatio* aura produit son effet de novation : « *... judex, Numerium Negidium Lucio* « *Titio sestertium X millia condemna.* »

Le droit personnel que le *procurator* acquiert à la condamnation du débiteur poursuivi, ferait de lui un véritable cessionnaire, si la *procuratio* lui permettait de conserver le bénéfice du procès gagné. En effet, l'objet du litige est devenu sien : « ..... *litis contestatione res procuratoris fit.* » (L. 11, *pr.* D. *de doli mali et met. except.* XLIV, 4); il est devenu maître de l'instance, *dominum litis.* Mais le mandat, en l'investissant d'un pouvoir de représentation, l'astreint à rendre compte de la gestion qu'il a entreprise; il est tenu de transférer à son mandant le profit qu'il a tiré de la condamnation du débiteur. Le Préteur donne au débiteur, dans l'intérêt du mandant, une exception pour repousser l'action *judicati* intentée par le *procurator,* et accorde au mandant lui-même l'action *judicati,* à titre d'utile. (L. 28, D. *de procurat.*, III, 3.) C'est à cette action utile que fait allusion le § 331 Frag. Vat., en disant : « *Domino..... dabitur et in eum judicati actio.* »

Mais supposez maintenant que la *procuratio* ne soit que fictive, ou, pour parler plus exactement, que le mandat donné au *procurator* n'ait pour but que de le mettre à même de réaliser une cession ; il agira pour son propre compte, *in rem suam,* et ne devra pas rendre compte au mandant. Vis-à-vis de celui-ci, il sera dans les rapports d'un acheteur avec un vendeur, d'un donataire avec son donateur, etc., etc., suivant la nature de l'acte qui a précédé la *procuratio in rem suam* et en a justifié l'emploi ; il ne sera vraiment *procurator* qu'au regard du débiteur cédé. Paul pose très nettement la différence qui existe entre les rapports de simple mandant à simple *procurator* et de cessionnaire à *procurator in rem suam*.

Le simple *procurator*, dit-il, est tenu vis-à-vis de son mandant de l'*actio mandati*, au lieu que le *procurator in rem suam* est tenu de l'action du contrat que le mandat a permis de réaliser. « *Ea obligatio, quæ inter dominum et procuratorem « consistere solet, mandati actionem parit. Aliquando tamen « non contrahitur obligatio mandati, sicut evenit quum in « rem suam procuratorem præstamus, eoque nomine judi- « catum solvi promittimus. Nam si ex ea promissione aliquid « præstiterimus, non mandati, sed ex vendito, si hereditatem « vendidimus, vel ex pristina causa mandati agere debemus, « ut fit cum fidejussor reum procurotorem dedit.* » (L. 42, § 2, D. *de procurat. et defens.*, III, 3.)

La conséquence de ces principes, c'est que le *procurator in rem suam* ne pourra pas être traité par le cédant comme un mandataire ordinaire. L'obligation qui, résultant d'une convention préalable, a donné lieu à la *procuratio*, empêche le mandant de la révoquer. Mais quel sera le sort du mandat si le cessionnaire vient à mourir avant que le *procurator in rem suam* ait intenté l'action ? Certains interprètes prétendent que la *procuratio in rem suam* prend alors fin, comme tout mandat, mais que le cessionnaire a la ressource d'agir, par l'action du contrat qui est la cause de la cession, pour se faire consentir un autre mandat. Cette opinion paraît assez vraisemblable, en présence d'une constitution de Gordien : « *Data certæ pecuniæ quantitate « ei cujus meministi, in vicem debiti, actionem tibi adversus « debitorem, pro quo solvisti, dicis esse mandatam, et ante-*

« *quam eo nomine litem contestareris, sine herede creditorem* « *facti munus implesse proponis. Quæ si ita sunt, utilis actio* « *tibi competit.* » (L. 1, C. *de obligat. et act.*, IV, 10.) Pourquoi Valeria obtient-elle une action utile? Parce que le cédant est mort sans héritier, dit l'empereur. J'en conclus que, si, régulièrement, la présence d'un héritier était nécessaire à la conservation de la *procuratio in rem suam* de Valeria, c'est que cette *procuratio* ne subsistait pas au delà de la mort du cédant, et qu'il était nécessaire d'en demander le renouvellement à son héritier. Cependant, d'après Cujas et Doneau, lorsque le cédant laisse un héritier, la *procuratio in rem suam* n'a pas besoin d'être renouvelée, la volonté de celui-ci étant liée par l'obligation qu'a contractée son auteur.

En résumé, la nature de la *litiscontestatio* est la même que celle de la novation par stipulation. La seule différence est que le débiteur ne peut se soustraire à la cession, lorsque le cessionnaire emprunte le rôle d'un *procurator*, tandis que, dans la stipulation, sa promesse est pleinement volontaire. La *procuratio in rem suam*, pas plus que la stipulation, n'effectue le transport réel de la créance cédée.

§ IV. — *Effets de la cession par* litiscontestatio.

Le cessionnaire par *procuratio in rem suam* doit être assimilé au cessionnaire par stipulation, pour les points suivants :

1° Il ne pourra exercer les privilèges personnels au cédant ;

2° Il pourra exercer ceux qui lui sont personnels à lui-même ;

3° On ne pourra opposer au cessionnaire les exceptions personnelles au cédant ;

4° On pourra lui opposer celles qui lui sont personnelles à lui-même.

I. Papinien (L. 42, D. *de administ. et peric. tutorum*, XXVI, 7) applique le principe que le cessionnaire ne peut exercer les priviléges personnels au cédant, au cas de tutelle.

Un tuteur est seul poursuivi à l'occasion d'une dette de tutelle, dont tous les co-tuteurs sont responsables. Condamné, mais subrogé aux droits du pupille contre ses co-tuteurs, il exerce son recours comme *procurator in rem suam* du pupille. Il ne pourra pas exercer le privilège du pupille. Ce privilège est personnel : « *non enim causæ, sed* « *personæ succurritur quæ meruit præcipuum favorum.* » Que la cession soit forcée, comme dans l'espèce à laquelle Doneau voulait restreindre le principe, ou qu'elle soit volontaire, l'intransmissibilité du privilège sera toujours la conséquence du motif de faveur qui l'a fait accorder à la seule personne du cédant.

II. Ulpien permet au cessionnaire d'exercer les privilèges qui lui sont personnels et que n'avait pas le cédant. (L. 6, D. *de jure fisci*, XLIX, 14.) Le fisc, succédant aux droits d'un particulier, trouve dans son propre privilège la garantie des droits transmis. Le principe est général et s'applique à la succession à titre particulier, à la cession, qu'à la succession à titre universel.

III. L'on ne peut opposer au cessionnaire les exceptions personnelles au cédant.

Suivant Ulpien (L. 4, §§ 27 et suiv. D. *de doli mali*

except., XLIV, 4) le dol du vendeur n'est pas opposable à l'acheteur : « *De auctoris doli exceptio emptori non objicitur.* » « L'exception de dol a un caractère pénal, partant elle est personnelle : « *...traditur, rei quidem cohærentem exceptionem* « *etiam emptori nocere : eam autem quæ ex delicto personæ* « *oriatur, nocere non oportere.* » Le jurisconsulte fait application de son principe au cas d'une pétition d'hérédité. Un héritier légitime dissuade, par dol, l'héritier institué de faire adition, puis vend l'hérédité à Sempronius. L'institué, poursuivi en pétition d'hérédité par l'acheteur Sempronius, pourra-t-il lui opposer une exception fondée sur le dol commis par l'héritier légitime ? Sempronius, cessionnaire de l'action en pétition d'hérédité, est à l'abri de l'exception de dol, parce que personnellement il n'est pas coupable du dol.

Ulpien assimile à l'acheteur tous les ayants cause à titre onéreux ; mais il admet l'exception de dol contre les ayants cause à titre gratuit : si l'exception ne leur était pas opposable, ils s'enrichiraient aux dépens d'autrui et bénéficieraient du dol de leur auteur. Ils se rendent complices de ce dol ; l'exception peut leur être opposée.

Le principe posé par Ulpien se justifie aisément. Le dol de l'aliénateur le rend passible d'une obligation envers le tiers lésé, mais n'empêche pas la transmission de propriété de s'accomplir au profit de l'acquéreur. Le droit de propriété est absolu ; l'acquéreur l'exercera à l'encontre de ce tiers aussi bien qu'à l'encontre de toutes autres personnes. Quant à l'obligation née du dol, elle est personnelle à l'aliénateur et ne passe pas à son ayant cause. En un mot, deux droits existent parfaitement distincts : un droit de propriété et une obligation ; l'une est transmissible, l'autre ne l'est pas.

Faut-il assimiler à l'aliénation d'une chose la cession

d'une créance, et déclarer exempt de l'exception le cessionnaire d'une créance entachée de dol? Les uns le nient; d'autres l'affirment, je crois, avec raison. Le créancier qui se rend coupable de dol envers la personne avec qui il contracte n'en acquiert pas moins une créance. Il peut la transmettre. L'obligation dont il est tenu envers son débiteur à raison de son dol, est distincte de sa créance et lui demeure personnelle.

Y a-t-il lieu de se demander si l'exception de dol est opposable au cessionnaire qui exerce une action personnelle, tandis qu'elle ne l'est pas à l'acquéreur dont l'action est réelle? Qu'importe la nature de l'action à laquelle l'exception est opposée? Ce qu'il faut considérer, c'est la nature de l'exception même. Or, l'exception de dol a un caractère évidemment pénal, qui fait obstacle à ce qu'elle soit invoquée contre tout autre que le coupable, et ne l'autorise pas plus contre le cessionnaire d'une créance, que contre l'acquéreur d'une chose.

L'exception fondée sur la compensation sera-t-elle opposable au cessionnaire? D'après les principes que j'ai eu l'occasion d'exposer en traitant des effets de la cession par novation, il résulte que le créancier qui réclame de son débiteur le montant de sa créance, sans en déduire ce que lui-même doit à ce débiteur, fait une demande dolosive; qu'il voit la condamnation de son adversaire, réduite à la différence du montant des deux créances réciproques, par l'effet de l'exception de dol. Ce que j'ai dit de l'exception de dol s'applique donc, dans le silence des textes, à l'exception de compensation, aussi bien quand la cession a lieu par *litis-contestatio* que lorsqu'elle a lieu par novation : ces deux exceptions sont toujours personnelles et ne peuvent être invoquées contre le cessionnaire.

IV. On peut opposer au cessionnaire les exceptions qui lui sont personnelles. Cela s'applique aussi bien à la compensation qu'à l'exception de dol. Ainsi le cessionnaire se trouve être débiteur du débiteur cédé : celui-ci peut lui opposer l'exception de compensation dont il est personnellement tenu. Quant au dol commis par le cessionnaire, le débiteur cédé peut également en exciper : « ... *puto recte de-« fendi, si quidem in rem suam procurator datus sit, etiam de « præterito ejus dolo* (*hoc est si ante acceptum judicium dolo « quid fecerit*) *esse excipiendum...* » (L. 4, § 18, D. *De doli mali except.* XLIV, 4.)

Une remarque générale me reste à faire au sujet des effets que nous venons de voir produire à la cession par *litiscontestatio*. Les partisans du transfert de la créance tirent avantage de ces effets. Si le cessionnaire, disent-ils, n'exerce que les seuls privilèges qui lui soient personnels, s'il ne subit que les seules exceptions qui lui soient personnelles, c'est qu'il n'est pas le représentant du cédant, son mandataire, mais c'est qu'il exerce l'action en son propre nom; il y a véritable transport de cession. La conclusion me semble inadmissible. L'argument se retourne contre ceux qui l'invoquent : si les exceptions inhérentes à la créance, si les privilèges de même nature survivaient à la *litiscontestatio*, là serait la preuve de la persistance de l'obligation primitive. Leur disparition témoigne, au contraire, de l'extinction de la première obligation et de la naissance d'une seconde obligation indépendante et distincte.

Cautions. — La cession qui résulte de la *procuratio in rem suam*, comme celle que produit la stipulation, nécessite la cession de la créance accessoire contre une caution; cette seconde cession est encore ici distincte de la première. Le *procurator in rem suam* ne peut poursuivre la caution qu'autant qu'il a reçu mandat de le faire.

Hypothèque. — La novation qui s'est opérée par *litiscontestatio* n'éteint pas l'hypothèque comme la novation par stipulation; car elle ne peut être, au même degré, assimilée au paiement. Elle ne donne pas au créancier la satisfaction que l'hypothèque a pour but de garantir. La condamnation même du débiteur ne serait pas une cause d'extinction de ce droit accessoire. « *Etiam si creditor ju-* « *dicatum debitorem fecerit, hypotheca manet obligata, quia* « *suas conditiones habet hypothecaria actio...... Nec per hoc* « *videtur satisfactum creditori, quod habet judicati actionem.* » (L. 13, § 4, D. *De pignor. et hypoth.* xx, 1.) L'hypothèque continue donc à résider sur la tête du cédant; le *procurator in rem suam* ne peut qu'exercer, *exemplo creditoris*, l'action hypothécaire, au nom de celui-ci et dans la mesure qu'il l'aurait pu faire. La *procuratio in rem suam* ne donne, par le fait, que le droit qu'aurait procuré l'exercice de l'action utile que nous verrons employée dans le système de cession établi par le dernier état du droit : « *Ex* « *nominis emptione dominium rerum obligatarum ad empto-* « *rem non transit, sed vel in rem suam procuratore facto,* « *vel utilis, secundum ea quæ pridem constituta sunt, exem-* « *plo creditoris persecutio tribuitur.* » (L. 8, C. *De hered.* « *vel act. vendit.*, iv, 39.)

Intérêts. — Les termes du mandat donné au *procurator in rem suam*, comme la formule de la stipulation, détermineront les intérêts qui devront être compris dans la cession.

§ V. — *De la cession sous le Bas-Empire.*

La novation et la *litiscontestatio*, envisagées comme procédés de cession, n'étaient que deux formes différentes d'une seule et même opération. Elles réalisaient la délégation qu'un créancier faisait de son débiteur à un autre créancier. « *Delegatio fit vel per stipulationem vel per litis* « *contestationem.* » (Ulpien, L. 11, § 1, D. *de novat.* DXLVI, 2.) Aussi les formules de ces deux actes se rapprochent : dans la novation, le créancier stipule ce qui était dû à son cédant ; dans la formule d'action délivrée en cas de *procuratio*, la *condemnatio* est rédigée au nom des cessionnaires, tandis que l'*intentio* indique ce qui paraît dû au cédant.

De cette ressemblance de la novation et de la *litiscontestatio*, il résulte certains effets communs : la créance n'est pas transportée du cédant au cessionnaire, mais elle s'éteint en la personne du premier, et une autre créance ayant le même objet naît en la personne du nouveau créancier. Dans les deux autres aussi, la cession est l'œuvre exclusive de la formule dont les parties ont fait usage ; dépouillée de la forme qu'elle devait revêtir, leur intention demeure impuissante à exécuter la cession convenue. Peu à peu la volonté réciproque des contractants qui, dans notre législation moderne, devait avoir seule le pouvoir de transférer un droit, entra pour quelque chose dans la cession de la créance. Au temps de Justinien, un grand pas était fait : non seulement l'*animus novandi* était devenu une des conditions de la novation ; mais encore un nouveau mode de cession, qui, opérant « *solo consensu* », faisait tomber dans l'oubli les procédés d'un formalisme suranné. Outre le mérite de tenir franchement compte de l'intention des parties, la législation du Bas-Empire offrait sur la précédente l'avantage de ne pas nécessiter dans la cession l'intervention du débiteur cédé, intervention volontaire dans la novation, forcée dans la *litiscontestatio*, et de ne pas laisser, même momentanément, incertain le droit du cessionnaire, lequel se trouvait immédiatement acquis ;

enfin, d'être praticable là où ne l'était pas la *procuratio in rem suam*, toujours impossible à l'égard des créances qu'un terme ou une condition empêchaient de faire l'objet d'une *litiscontestatio* actuelle.

Il faut examiner d'abord de quels précédents la jurisprudence s'inspira pour reconnaître dans l'usage des actions utiles le moyen de réaliser la cession.

Tant que le fidéicommis conserva un caractère extralégal, l'héritier ne put investir le fidéicommissaire des créances héréditaires qu'en les lui transmettant par les procédés qui nous sont connus. L'héritier agissait comme un cédant ordinaire et suivant les règles du droit commun ; et pour donner une cause à la cession, il la faisait précéder d'une vente fictive de l'hérédité consentie au fidéicommissaire : « *Tunc enim in usu erat, ei cui restituebatur hereditas, nummo uno eam hereditatem dicis causa venire.* » (Gaïus, II, 252.)

Cependant l'héritier restait tenu des obligations du défunt. Il avait soin, il est vrai, de stipuler du fidéicommissaire le remboursement de ce qu'il serait obligé de payer aux créanciers héréditaires et de faire cautionner la stipulation par des fidéjusseurs ; mais il courait les risques de la double insolvabilité du fidéicommissaire et de ses cautions. Lorsque, sous Auguste, la restitution de l'hérédité, de facultative qu'elle était auparavant, devint obligatoire, il fut nécessaire de la rendre exempte de tout péril pour l'héritier. Il trouve une protection dans le sénatus-consulte Trébellien, rendu, sous Néron, en l'an 56. Voici le texte rapporté dans les Pandectes : « *Cum esset æquissimum in omnibus fideicommissariis hereditatibus, si qua de his bonis judicia penderent, ex his eos subire in quos jus fructusque transferuntur, potius quam cuique periculosam esse fidem suam : placet ut actiones, quæ in*

« *heredem heredibusque dari solent, eas neque in eos, neque* « *his dari qui fidei suæ commissum, sicuti rogati essent, resti-* « *tuissent; sed his et in eos, quibus ex testamento fideicom-* « *missum restitutum fuisset: quo magis in reliquum con-* « *firmentur supremæ defunctorum voluntates.* » L'héritier n'avait plus à craindre de faire adition : aux poursuites de créanciers héréditaires, il opposait une *exceptio restitutæ hereditatis.* Ceux-ci étaient dans la nécessité de tourner leurs actions, *utilitatis causa*, contre le fidéicommissaire. D'autre part, et pour assurer la restitution même de l'hérédité, le sénatus-consulte favorisait le fidéicommissaire d'actions également utiles contre les créanciers héréditaires. C'était établir une réciprocité, en quelque sorte nécessaire, dans les rapports du fidéicommissaire et de l'héritier. (L. I, § 2, D., *ad sc. Treb.* XXXVI, I.)

De cette disposition ressort l'assimilation du fidéicommissaire à un héritier. Cette idée est mise en lumière par les jurisconsultes, qui peuvent dire du fidéicommissaire : « *Habetur heredis loco.* » (L. 41, § 1, D., *eod.*) « *Effectu* « *quodammodo heres est.* » (L. 3, § 1, D., XIV, 5.) « *Prætor...* « *utiles actiones ei... quasi heredi dari cœpit.* » (Gaïus, II, § 253). Comme conséquence de ce principe, se faisait sentir la nécessité de ne plus transporter en détail et par des actes spéciaux l'hérédité. L'acte unique de restitution devait être semblable par sa nature à l'adition d'un héritier, un acte simple de volonté : « ... *hereditatis adquisitionis similis est hæc restitutio...* » (L. 65, D., XXXVI, 1.) Que cette sorte d'adition soit faite par la prise de possession des objets héréditaires, par un écrit, par des paroles, peu importe, dit Ulpien, pourvu que soit manifestée, de la part de l'héritier, l'intention de restituer, et, de la part du fideicommissaire, l'intention de recevoir : « ... *hac mente ut vellet restituere et* « *ille suscipere.* » (L. 37, D., *eod.*) Les effets de cette restitution sont ceux de l'adition. Sans mancipation, sans tradition, *solo consensu*, le fideicommissaire acquiert *in bonis* les objets corporels. (L. 63, D., *eod.*) Sans novation, sans *litiscontestatio*, il se trouve investi des créances. (LL. 40 et 61, D., *eod.*) A l'inverse, l'héritier était dessaisi de tous droits, il devenait étranger à l'hérédité, si bien que, s'il dégradait un objet héréditaire, il devenait passible envers le fideicommissaire de l'action de la loi Aquilia (L. 70, § 1, D. *eod.*), et que, s'il recevait le paiement d'une dette héréditaire, le créancier pouvait la répéter par la *condictio indebiti* (L. 64, D., *eod.*). Paul résume cet effet de saisine et de dessaisine en disant que le fidéicommissaire succède à l'héritier : « *Non enim solutio est hereditatis restitutio, sed et successio, cum obligetur.* » (L. 38, D., *eod.*)

Toutefois, qu'on ne s'y méprenne pas, le senatus-consulte Trébellien n'établissait pas un transfert réel de créance. Il ne déclarait pas le fidéicommissaire créancier, il se bornait à l'assimiler à l'héritier, il autorisait seulement le Préteur à le considérer fictivement comme un héritier, à lui laisser, *utilitatis causâ*, intactes des actions qui, dans la rigueur du droit civil, continuaient d'appartenir à l'héritier; en même temps, il protégeait cet héritier par une exception *restitutæ hereditatis* contre les créanciers héréditaires. A l'héritier demeurait la créance, quoique dépourvue de toute sanction ; au fidéicommissaire, traité fictivement comme un héritier, « *habetur heredis loco* » — « *effectu quodammodo heres est* », appartenait l'action, sans le titre de créancier.

Pour devenir créancier, le fidéicommissaire devait, comme par le passé, recourir aux modes de cession ordinaires, à la novation ou à la *litiscontestatio*.

II. Une succession *per universitatem* se présentait encore

au cas où les biens d'un débiteur insolvable étaient vendus en masse et aux enchères, sur les poursuites de ses créanciers. L'*emptor bonorum*, au rapport de Gaïus (IV, § 35), pouvait exercer les actions de l'insolvable, soit par la formule Rutilienne, soit par la formule Servienne. La formule imaginée par Rutilius, préteur, auquel remonte l'organisation de la *bonorum venditio*, était celle de la *procuratio*. L'*emptor* agissait au nom de celui à qui il succédait. C'était la cession de la créance par *procuratio in rem suam*, appliquée à un cas particulier. La formule Servienne permettait d'exercer, *utilitatis causâ*, l'action qui appartenait à l'insolvable. Si ce dernier avait agi par la suite, son action aurait été paralysée par une exception de dol que lui auraient opposée ses débiteurs.

Cet usage des actions utiles et de l'exception de dol, au cas d'une *venditio bonorum*, est constatée dans la loi 16, pr. D. II, 14, *de pactis* : « *Si cum emptore hereditatis pactum* « *sit factum et venditor hereditatis petat, doli exceptio no-* « *cet ; nam ex quo rescriptum est a divo Pio utiles actiones* « *emptori hereditatis dandas, merito adversus venditorem* « *hereditatis exceptione doli debitor hereditarius uti po-* « *test* ».

III. Un troisième cas de cession par simple pacte était celui où la cession avait pour cause l'hypothèque de la créance. Les Romains admettaient l'hypothèque des créances, aussi bien que l'hypothèque de tous les meubles. Le *pignus nominis*, comme le *pignus rei*, donnait au créancier hypothécaire la faculté de s'approprier le bien hypothéqué, et d'exercer sur ce bien les droits du débiteur, dans la mesure nécessaire à la garantie de sa créance. A l'origine, le créancier hypothécaire avait droit simplement à la possession et à la rétention de la chose : « *nudam possessionem*

« *avocat* ». (L. 66, D. xxi, 2.) Plus tard, grâce au *pactum de vendendo pignore* sous-entendu dans la constitution de l'hypothèque, il put exercer, à titre d'actions utiles, les droits de son créancier ; et, par conséquent, au cas de *pignus nominis*, actionner le débiteur de la créance hypothéquée : « *Nomen quoque debitoris pignorari et generaliter* « *et specialiter posse quidem placuit. Quare si debitor is sa-* « *tis non fecerit, cui tu credidisti, ille cujus nomen tibi pignori* « *datum est, nisi ei cui debuit solvit, nondum certior a te* « *de obligatione tua factus, utilibus actionibus satis tibi* « *facere usque ad id, quod tibi deberi, a creditore ejus pro-* « *baveris, compelletur, quatenus tamen ipse debet* ». (L. 4, C. viii, 17.) D'autre part, le débiteur hypothécaire, en poursuivant le remboursement de la créance hypothéquée, anéantirait le droit d'hypothèque, et violerait le pacte qu'il a consenti : aussi son action doit-elle être repoussée par une exception. « *Si convenerit ut nomen debitoris mei* « *pignori tibi sit, tuenda est a prætore hæc conventio, ut et* « *te in exigenda pecunia, et debitorem adversus me, si cum* « *eo experiar, tueatur.* (L. 18, D. xiii, 7.)

La créance, dans ce cas, comme dans les précédents, n'est pas réellement transférée. L'action du débiteur hypothécaire demeure paralysée par l'exception que lui opposera le débiteur : elle peut même lui devenir pour jamais inutile, si son créancier l'a exercée comme action utile ; mais le titre de créancier lui reste, et, dans les limites où le montant de sa propre dette n'a pas permis au créancier hypothécaire de l'exercer, comme dans le cas où il a satisfait à ses engagements, en temps opportun, il recouvrera la libre faculté d'user de cette action dont il n'a jamais été dépossédé.

CHAPITRE II.

DE LA CAPACITÉ DES PARTIES EN MATIÈRE DE CESSION.

La nature complexe de la cession nécessite chez les parties une double capacité générale. La question de capacité se pose en premier lieu à l'occasion du fait juridique qui, comme la vente, la donation, la constitution de dot, ou le legs, a précédé la cession et en a été la cause. La réalisation de la cession n'en dépendant pas directement, et les règles qui la régissent étant celles du droit commun, il n'y a pas lieu d'en parler. Ce sont encore des principes généraux, que je puis également passer sous silence, qui déterminent la capacité nécessaire aux parties, suivant qu'elles ont employé l'un ou l'autre des différents modes de cession. Ont-elles fait usage de la novation? il leur a fallu la capacité requise pour la validité d'une stipulation. Ont-elles eu recours à la *procuratio in rem suam* ou aux actions utiles? Dans le premier cas, elles ont dû être capables, l'une, de se faire représenter en justice, l'autre, de plaider pour autrui; dans le second cas, la seule condition a été la capacité pour le cessionnaire de plaider pour lui-même.

Les incapacités spéciales à la matière sont fort restreintes. La première frappe les avocats. Ils ne peuvent se faire céder par leur client, à titre d'honoraires, une quote-part des bénéfices du procès. Ce n'était pas seulement la créance litigieuse qui ne pouvait pas être cédée, puisqu'une telle créance était incessible pour tout le monde, mais le montant même de la condamnation. Le but de la prohibition était d'empêcher un gain exagéré et illicite, en disproportion avec ses services professionnels de l'avocat (*existimationi suæ immensa atque illicita compendia*). Il fallait, en outre, que le préjudice causé au client fût d'une certaine gravité, et que les honoraires fussent d'une quote-part des bénéfices de l'affaire, le plaideur se rendant peu compte de l'étendue d'une somme indéterminée (*emolumenta sibi certa partis cum gravi damno litigatoris et deprædatione poscentes*). Cette espèce de cession était connue sous le nom de pacte *de quota litis*. Les avocats qui persistaient dans cette pratique lucrative étaient exclus de l'exercice et des prérogatives de leur profession : *placuit ut omnes qui in hujusmodi sæcitate permanserint ab hoc professione penitus arceantur*. (L. 5, C. *de postul.*, II, 6.)

Est encore interdite toute cession de créance *ad potiorem*. Déjà, sous la république, une loi Licinia avait prohibé l'aliénation d'une part indivise faite dans le but d'adjoindre au copropriétaire un copartageant puissant qui, dans la licitation, saurait obtenir la chose à vil prix « *ut potentior emptor per licitationem vilius eam accipiat* ». (L. 12, D. IV, 7.) De même, le fisc ne peut recevoir une donation faite dans l'espérance d'aggraver la situation du débiteur : « *Litem in perniciem privatorum fisco donari non oportet,* « *nec ab eodem donatam suscipi. — Imperatorem litis causa* « *heredem institui invidiosum est ; nec enim calumniandi* « *facultatem ex principali majestate capi oportet.* » Pauli *Sent.* V, 12, §§ 7 et 8.) La même prohibition est portée dans la loi 22, § 2, D. *de jure fisci*, XLIX, 14, et dans la loi 2, C. II, 18). Enfin, la cession de toute créance *ad potiorem* est défendue par Théodose, sous peine de la perte de la créance : « *Si cujuscumque modi actiones ad potentiorum* « *fuerint delatæ personas, debiti creditores jactura mul-* « *tentur.....* » Les motifs apportés à cette prohibition sont la cupidité et la déloyauté des créanciers qui achètent l'appui d'hommes puissants : « *Aperta credentium videtur* « *esse voracites, qui alios actionum suarum redimunt exac*« *tores.* » (L. 2, C. *ne liceat potent*, II, 14.)

La portée exacte de cette constitution n'est pas facile à déterminer. Et d'abord quels sont ces *potentiores* à qui la créance ne peut être cédée? Les textes ne donnent formellement cette qualité qu'au fisc, à l'empereur et aux présidents de province. On pourrait en conclure que la prohibition ne s'applique qu'aux personnes chargées de fonctions publiques assez élevées pour leur donner une grande influence. Cependant Cujas en donne cette définition : « *Po*« *tentiores, id est qui gratia et opibus pollent et concentu* « *sunt difficiles.* » Il faudrait ajouter à la définition, que la puissance du cessionnaire doit s'apprécier relativement à la position sociale du débiteur et du cédant. Sans cette différence entre la position de chacune des trois personnes qui figurent à la cession, on ne concevrait pas la prohibition qui a son fondement dans une aggravation de la situation du débiteur. Ce que le législateur punit, c'est l'intention méchante qui a poussé le créancier à céder sa créance à un *potentior* : c'est là ce qui peut faire qualifier le fait de la cession d'*incidiosum*, comme le faisait Paul, dans un texte que je citais tout à l'heure. On s'est demandé si la cession par voie d'actions utiles tombait seule sous le coup de la constitution. Il me paraît évident que le motif de la prohibition en étendrait la portée à une cession par novation ou par *litiscontestatio*, qui peut être faite dans un but aussi blâmable, si, d'ailleurs, l'expression *si cujuscumque modi actiones ad potentiorum fuerint delatæ personas*, n'était conçue en termes assez généraux pour comprendre l'une et l'autre cession.

Qui profite de la déchéance, de la perte de la créance? Quelques commentateurs ont prétendu que c'était le fisc.

Cette assertion me semble difficile à défendre. Le fisc est présenté par les textes comme une des *potentiores personæ* : comment donc le ferait-on bénéficier d'une mesure dont le but est d'empêcher que le débiteur soit mis en présence de ces personnes? Il semble qu'il soit plutôt permis de raisonner par analogie, et d'attribuer le profit de la déchéance au débiteur lui-même, en compensation du danger qu'il a couru ; telle est la décision que nous allons voir porter par la Novelle 72, chap. V, dans un cas qui se rapproche de celui-ci. Sa libération n'empêche pas le débiteur d'être tenu d'une obligation naturelle. Rien dans les termes de la constitution de Théodose, dans la loi 1 du même titre, et dans la novelle 72, n'autorise à supposer, dans l'espèce, une dérogation au principe général énoncé en ces termes par la loi 19, D. *De condictione indebiti* : « *Si pœnæ causa ejus, cui debetur, debitor liberatus* « *est, naturalis obligatio manet.* »

La novelle 72, chap. V, défend au tuteur de céder une créance sur son pupille, soit pendant la tutelle, soit lorsqu'elle a pris fin, à moins que la créance n'ait une date postérieure. Le tuteur ayant l'espoir de devenir, à une époque plus ou moins éloignée, l'héritier de son pupille dont il détient les papiers, peut être tenté de supprimer les preuves de la libération de celui-ci. La prohibition atteint également le curateur.

Ici se posent de nouveau les questions débattues dans l'espèce précédente, et dont la solution doit être la même. La sanction de la prohibition est la libération du pupille ou du mineur. La novelle 72, chap. V, que j'invoquais tout à l'heure par analogie, contient expressément cette décision. Aucune obligation naturelle ne paraît survivre à la libération du débiteur, en présence des termes de la novelle : « ... *Tunc enim infirmum esse volumus quod agitur,*

« *et non posse ullam actionem valere cessam adversus eum* « *cujus prius curam administraverat, sed pro non facto id* « *esse, et lucrum fieri adolescentis.* » Il y a ici plus qu'une libération, la cession est nulle (*pro non facto id esse*); aucune action n'est possible (*non posse ullam actionem valere*); le bénéfice de la libération doit être assuré sans retour au débiteur (*lucrum fieri adolescentis*). Le tuteur ne doit avoir aucune espérance de faire valoir un jour sa créance, même dans l'avenir.

CHAPITRE III.

DE LA CESSIBILITÉ DES CRÉANCES.

§ I. *Des créances cessibles et de celles qui ne le sont pas.*

En principe, toutes les créances peuvent faire l'objet d'une cession, sans qu'il y ait à se préoccuper de la cause qui les a engendrées, de l'objet auquel elles s'appliquent, de la modalité dont elles peuvent être affectées. L'énumération faite par Ulpien, dans le texte que j'ai placé au début de cette étude, énumération restreinte aux créances conditionnelles et aux créances à terme, n'a rien de limitatif. Le principe de la cessabilité est général, et l'assimilation que le jurisconsulte fait entre la créance et une *res* ordinaire, toujours susceptible d'être cédée, suffirait à lever tous les doutes à cet égard. Prenant cette règle pour point de départ, j'en rechercherai, dans les exemples fournis par les textes, l'étendue et les véritables limites.

A. *Cession des actions personnelles.* — Il n'y a de difficulté possible ni pour les créances pures et simples, ni pour les créances à terme ou conditionnelles. Ce sont celles qui, expressément désignées par Ulpien, sont l'objet habituel d'une cession.

La simple espérance d'une créance future est elle-même cessible. « *Spem futuræ actionis, plena intercedente donatoris voluntate, posse transferri non immerito placuit.* » (L. 3, C., *De don.*, VIII, 51). Une obligation dont le montant est indéterminé peut être aussi cédée ; il en est de même de celle dont l'objet n'est désigné q[illegible] *nere.* (L. 5, D., *De hered. vel act. vend.* XVIII, 4.)

La créance née d'un privilège même personnel ne fait pas exception au principe ; ainsi le droit à l'*in integrum restitutio* est cessible. (LL. 18, § 5, 24, *D.*, *De min.* XXV *ann.*, IV, 4.)

Un doute peut exister, au premier abord, sur la cessibilité d'une créance alternative, lorsqu'il appartient au créancier de choisir celui des objets qu'il veut réclamer du débiteur. Ne serait-ce pas modifier le rapport juridique des parties, que d'accorder au cessionnaire la faculté d'une option à laquelle le débiteur s'était soumis, peut être en considération de la personne du créancier originaire ? Ce droit n'est-il pas personnel au point d'être intransmissible ? Paul semble admettre cette manière de voir : « *Si stipulatus « fuerim* ILLUD AUT ILLUD, QUOD VOLUERO : *hæc electio perso- « nalis est ;...* » (L. 76, pr. D., *De verb. oblig.*, XLV, 1.) Mais la suite du texte montre que le jurisconsulte ne discute pas la cessibilité de la créance. Il suppose l'obligation alternative stipulée, soit par un esclave, soit par un fils de famille, et déclare maintenir à la personne du stipulant le droit d'option, « *talis electio cohæret.* » Paul n'a en vue que de déterminer la mesure dans laquelle l'esclave ou le fils pourra acquérir au profit du père de famille : il acquiert non seulement par la stipulation, mais encore en accomplissant les faits postérieurs qui sont le complément nécessaire de la stipulation. La même explication convient à un texte où Gaïus, traitant pareillement des obligations verbales, donne, dans la même hypothèse, une solution identique : « *Si servus aut filiusfamilias ita stipulatus sit,* « ILLAM REM AUT ILLAM, UTRUM EGO VELIM ? *non pater, do-* « *minusve, sed filius servusve destinare de alterutra debet.* » (L. 141, pr. h. t.)

Un texte d'Ulpien va faciliter la solution de la question qui nous occupe. Le jurisconsulte avait à se prononcer sur la cession faite par un héritier à un légataire. Qui, de l'héritier, continuateur de la personne du créancier décédé, ou du légataire, à qui cet héritier a cédé la créance alternative, aura le droit d'option qui appartenait au défunt ?

Si ce droit était rigoureusement personnel au créancier originaire, il continuerait à résider, malgré la cession de la créance, sur la tête de l'héritier, et la qualité de cessionnaire ne donnerait au légataire que le bénéfice de l'option exercée par l'héritier, sans lui communiquer le pouvoir de l'exercer lui-même. Le texte nous dit, au contraire, que la faculté de choisir est dévolue au légataire : « *Si quis ita* « *stipulatus* STICHUM AUT DECEM, UTRUM EGO VELIM, *legave-* « *rit quod ei debebatur : tenebitur heres ejus ut præstet lega-* « *torio actionem, electionem habituro, utrum Stichum an* « *decem persequi malit.* » (L. 75, § 3, D., *de leg.* XXX.) Cette décision contient le germe d'un principe général : elle doit être étendue par analogie à toute cession, sans qu'il y ait lieu de distinguer si cette cession a pour cause un legs ou un contrat. En vain chercherait-on à nier l'analogie ; en vain, prétendrait-on que la mort du créancier originaire a, dans l'espèce précédente, rendu forcée la dévolution du droit d'option à une autre personne; que, dès lors, peu importait au débiteur que ce droit passât à l'héritier ou au légataire, qui avaient été, l'un aussi bien que l'autre, étrangers à la stipulation primitive. On répondrait avec raison que, juridiquement, le créancier originaire se survit à lui-même dans la personne de son héritier; que, si celui-ci peut transmettre une créance alternative, tout créancier aura la même faculté.

Certaines obligations prennent leur source dans un fait délictueux. Sont-elles incessibles? Ce ne serait que passivement, considérées dans la personne du délinquant, qu'elles pourraient avoir un caractère personnel que l'on comprendrait capable d'empêcher celui-ci de se substituer un autre débiteur. Mais, quant au créancier, il est logique que, victime d'un délit, il puisse, par la cession de l'action qui en est née, se procurer un prix équivalent à l'indemnité qu'il pourrait poursuivre en justice. Au surplus, le délinquant ne peut jouir d'une faveur dont les débiteurs ordinaires sont privés, et le fait délictueux qui a donné naissance à son obligation ne peut le mettre à l'abri d'une cession, à laquelle sont soumises les obligations qui ne sont pas entachées d'un caractère pénal.

La loi 18, D. *De vi et de vi arm.* XLIII, 16, a cependant fait naître quelques difficultés. Certains commentateurs ont voulu y trouver la preuve qu'une action née d'une *dejectio*, et, en généralisant, qu'une action née d'un délit quelconque, ne pouvait être l'objet d'une cession. Examinons l'espèce prévue par cette loi, et nous reconnaîtrons qu'elle est étrangère à notre question. Papinien suppose qu'un propriétaire vend un fonds et autorise l'acheteur à en prendre possession. Rien d'illicite dans un tel mandat. Le fermier n'étant pas possesseur, le *locator*, demeuré *verus possessor*, a toujours le droit de disposer de la possession au profit d'un tiers, réserve faite de la question d'indemnité à débattre ensuite entre le vendeur et son fermier. L'acheteur, au moment où il veut entrer en possession, en est violemment empêché par le fermier (*colonus intrare prohibuit*), et il l'expulse par la force (*vi colonum expulit*). A qui sera donné l'interdit *unde vi?* En fait, il y a deux *dejectiones* successives. Il semblerait devoir en résulter que le vendeur exercera l'interdit contre le fermier, parce que juridiquement la *dejectio* exercée contre l'acheteur remonte jusqu'au vendeur, son mandataire; que le fermier pourra exercer, de son côté, le même interdit contre l'acheteur, car celui-ci est, en dernier lieu, devenu possesseur, et possesseur par violence, ce qui suffit pour que le Préteur accorde l'interdit contre lui (L. 1, pr. h. t.). Il est bien vrai que le colon avait précédemment défendu sa possession par la force; mais le magistrat tient compte de cette circonstance que la violence n'a point été exercée contre l'acheteur, puisque, comme je l'ai déjà remarqué, le délit est réputé commis contre le vendeur lui-même. — Cependant une objection se présente. Comment se fait-il que l'acheteur passible de l'interdit, à cause de la *dejectio* dont il est l'auteur, ne puisse pas repousser le fermier, au moyen d'une exception? Il n'a eu recours à la force, que du consentement du vendeur qui lui a donné mandat de se mettre en possession. Parce que, dit Papinien, si ce mandat avait compris celui d'user de violence, ce dernier aurait été illicite (*susceperit mandatum illicitum*). La loi ne permet jamais de recourir à la force pour prendre l'offensive, quand bien même la violence n'aurait d'autre but que de procurer à celui qui y recourt la satisfaction d'un droit.

Que résulte-t-il de cette analyse du texte un peu subtil du grand jurisconsulte? Reprenons les deux espèces qu'il a prévues, en les résumant brièvement. *Première espèce :*

Le vendeur autorise l'acheteur à se mettre en possession du fonds. Le fermier le repousse et devient passible de l'interdit au profit du vendeur, repoussé en la personne de l'acheteur. Il y a bien dans l'espèce un mandat donné à l'acheteur, mais il n'y a pas un mandat se résolvant en *procuratio ad agendum*, ce qui serait nécessaire pour qu'il pût être question de cession. Cette première espèce est donc complètement étrangère à toute idée de cession de créance. — *Deuxième espèce :* Le vendeur autorise l'acheteur expulsé à se retourner contre le fermier et à le repousser à son tour. Le mandat est illicite, dit le texte, aussi l'acheteur est passible de ce chef de l'interdit *unde vi* de la part du fermier. Pas d'idée de cession de créance, non plus dans cette hypothèse. Il faudrait, pour qu'il y eût cession, qu'après la *dejectio* commise par le fermier, le vendeur eût cédé son interdit à l'acquéreur ; mais Papinien ne se préoccupe même pas de cette situation, sans doute parce qu'elle ne présente rien d'exceptionnel au principe général de la cessibilité.

B. *Actions réelles.* — L'action réelle peut-elle faire l'objet d'une cession, comme l'action personnelle ? Suivant Gluch, la cession des actions réelles n'aurait été introduite dans la législation romaine qu'à l'époque de Justinien : précédemment la cession de l'action réelle en revendication n'aurait procuré au cessionnaire qu'une *actio utilis in rem.* D'après Voët, la cession aurait transporté sur la tête du cessionnaire le *dominium* utile ; mais cette opinion du savant commentateur est contredite par d'autres Romanistes, qui enseignent que le transport de l'action utile n'implique nullement celui du *dominium* utile. Ces explications paraissent provenir d'une erreur sur le rôle de l'action utile en matière de cession. Cette action a pour but, soit de faire subsister le mandat *ad agendum*, malgré la mort du mandant, soit de faire présumer que ce mandat était intervenu légalement là où, en réalité, il n'était pas intervenu, mais où il aurait dû être donné en vertu d'un titre, tel qu'une vente, une donation, un legs; soit enfin de donner un recours à celui des débiteurs solidaires qui a payé sa dette et, en même temps, celle de son codébiteur. La comparaison des lois 21 et 63, D., *De rei vendic.* VI, 1, et la loi 35, § 4, D., *De contrah. empt.* XVIII, 1, avec la loi 9, C., *De heredit. vel act. vendit.*, IV, 39, suffit à convaincre de l'existence de la cession de l'action réelle dans l'ancien droit. Dans l'hypothèse de la loi 9, l'action utile est donnée pour permettre à un acquéreur d'exercer un mandat dont il est présumé investi. Justinien décide qu'une semblable présomption de mandat accompagnera la vente d'une action réelle, tout aussi bien que la vente d'une action personnelle.

Peut-on avec ces principes arriver à déterminer d'une manière générale quels sont les droits cessibles?

Les glossateurs, voulant comprendre dans une formule les créances cessibles, ont dit : « *Quæ ad heredem sunt transmissibilia sunt etiam cessibilia.* » Ils s'attachaient au caractère personnel du droit. Le principe était vrai quand on l'appliquait aux *jura status*, qui ne comportent ni la cession ni la transmission par succession; il n'était pas toujours exact en ce qui concernait les *jura patrimonii* : l'usufruit, par exemple, est intransmissible aux héritiers, et pourtant il peut faire l'objet d'une cession, du moins quant à son exercice.

D'autres auteurs, avec Muhlembruch, sans chercher une formule, ont proposé une classification générale; il faut distinguer, d'une part, les actions incessibles entre toutes personnes, c'est-à-dire absolument; d'autre part, les actions incessibles entre certaines personnes, c'est-à-dire relativement.

Nous avons examiné cette dernière classe d'actions en traitant de la capacité requise chez les parties. Il nous reste donc à étudier la catégorie des droits absolument incessibles. Or ces droits peuvent se ranger sous trois chefs principaux :

1° Les actions qui ne se rapportent pas au patrimoine. Telles sont les actions données dans un intérêt général, les *actiones populares*, parmi lesquelles on peut citer à titre d'exemples les actions *de sepulcro violato, de via publica, de effusis et dejectis, de positis et suspensis*. L'action publique est abandonnée à tout citoyen, sans même qu'il ait aucun intérêt à l'exercer. Appartenant à tout le monde, sa cession serait sans objet. (L. 7. D. XLVII, 23 ; L. 32, *pr.* D. XXXV, 2.) On ne les exerce pas en qualité de *procurator*, mais en son propre nom. (L. 5, D. XLVII, 23.) Mais qu'une personne soit intéressée à la poursuite, elles deviennent cessibles. Ainsi l'action *de effusis et dejectis* n'est qu'annale pour tout autre que le blessé ; mais, si le délai d'une année s'est écoulé sans qu'elle ait été intentée, celui-ci en aura à perpétuité l'exercice et pourra la céder. (L. 5, § 5, D. IX, 3.) Si plusieurs citoyens prétendent à une action populaire, le magistrat la donne à celui dont les aptitudes ou l'intérêt sont une cause de préférence. (L. 2 et 3, § 1, D. XLVII, 23.) Si un *damnum privatum* est allégué, elle pourra être exercée par *procurator* (L. 42, *pr.*, D. III, 3) et, par suite, pourra être cédée. Dans cette catégorie se placent encore les *actiones vindictam spirantes*, telles que l'action *injuriarum*, la *querela inofficiosi testamenti*, l'action en révocation d'une donation pour cause d'ingratitude. Elles se résolvent bien en un avantage pécuniaire, mais leur but, plus élevé que la réparation du fait qui y donne lieu, est la répression d'un acte blâmable ; elles tendent à sauvegarder et à venger l'honneur des citoyens, la piété envers les proches, la gratitude due à un bienfaiteur. D'ailleurs l'action *injuriarum* est une action purement pénale, et l'on peut dire de toutes les trois ce qu'on dit de celle-ci : « *Magis enim vindictæ quam pe-* « *cuniæ habet persecutionem injuriarum actio.* » Assimilons à l'action en révocation d'une donation pour cause d'ingratitude l'action *de moribus* et celle qui faisait rentrer en servitude l'affranchi ingrat.

2° Parmi les droits absolument incessibles, il faut encore comprendre les droits et actions que la loi ou la volonté de l'homme ont inséparablement attachés à la personne. Tels seront, par exemple, le droit aux aliments et le droit d'usage. Ces deux créances sont établies pour subvenir aux besoins d'une personne déterminée. Le créancier ne pourrait changer sans que l'étendue du droit ne fût modifiée. Une simple transaction sur la créance d'aliments nécessite l'intervention du Préteur, appelé à défendre les intérêts du créancier (L. 8, *pr.* D. *de transaction.*, II, 15.) Céder cette créance serait un acte plus dangereux encore que transiger. Au cas de vente, comment estimer la valeur de prestations périodiques dont la durée est inconnue des parties ? De plus, la prompte dissipation du prix serait presque toujours à craindre de la part d'un créancier dans la misère. Le droit d'usage a le même caractère personnel et la même nature que le droit aux aliments. Justinien le déclare incessible. (*Inst.*, II, 5, § 1.)

Les *operæ officiales* étaient incessibles, et ne passaient pas aux héritiers. Ces services personnels n'étaient dus qu'au patron à qui l'affranchi les avait promis par serment dans la *jurata promissio liberti*. A leur différence, les *operæ fabriles* étaient transmissibles aux héritiers et pouvaient être cédés. Ils étaient dus en l'absence de toute promesse faite au patron : c'était son art, son métier, son travail, que l'affranchi mettait à son service ; ce n'était plus un bon office de personne à personne. (LL. 6 et 9, D. *de operis libert.*, XXXVIII, 1.)

Les créances que je viens de passer en revue sont incessibles, plus encore en raison de leur nature qu'en vertu des dispositions conformes de la loi. Je passe à celles dont la cession semble contraire à l'intention des parties. Je suppose un contrat synallagmatique. Le cédant, dira-t-on, ne peut pas transmettre l'obligation dont il est lui-même tenu envers l'autre contractant; il ne peut pas contraindre celui-ci à poursuivre ses droits contre un tiers, dont il ne lui eût pas été permis de promettre le fait. De ce que le créancier n'a pas la faculté de céder l'obligation qui lui incombe, on conclut que sa créance, dont la destinée est liée à celle de sa dette, est également incessible. Toutefois l'objection cesse de valoir lorsque le débiteur cédé intervient dans la novation en qualité de créancier, et stipule du cessionnaire le fait promis originairement par le cédant. Il n'est plus alors question de promesse faite pour autrui, l'obligation du cédant est régulièrement transmise et ne fait plus obstacle à la cession de sa créance.

3° Enfin, dans la catégorie des droits absolument incessibles, il faut citer encore les droits qui sont les accessoires d'autres droits, et qui ne se conçoivent pas séparés de l'obligation principale. Tels sont le cautionnement et l'hypothèque. Ils ne peuvent être cédés sans celle-ci. Toutefois, ils pourraient, suivant l'opinion de quelques interprètes, faire l'objet d'une cession principale, et se trouver séparés de la créance qu'ils garantissent. Mais il faudrait, pour qu'il en puisse être ainsi, que le cessionnaire n'exerçât l'action que dans la mesure et dans les conditions où le cédant eût pu le faire, de manière à lui conserver son caractère de droit accessoire.

Ainsi, je pourrais céder l'action que j'ai contre une

caution, mais, bien entendu, mon cessionnaire n'acquerrait le droit de poursuivre cette caution que dans les limites où je l'avais moi-même. Sans doute le fidéjusseur opposera à mon cessionnaire le *beneficium ordinis seu discussionis* qu'il m'eût opposé à moi-même d'après la législation de Justinien ; mais la cession sera efficace si le débiteur est insolvable ou absent.

Enfin, les créances même cessibles par leur nature sont frappées d'incessibilité dès que, portées en justice, la *litis contestatio* leur a imprimé un caractère litigieux.

Au témoignage de Gaïus, la loi des Douze-Tables défendait, sous peine d'amende double, de consacrer aux dieux la chose litigieuse, *ne liceat eo modo duriorem adversarii conditionem facere*. (L. 3, D. *de litigiosis*, XLIV, 6.) Un édit d'Auguste avait généralisé la défense de céder l'objet litigieux. (Gaïus, IV, § 117. — L. 1, § 1, D., *de litig.*, XLIV, 6.) Constantin applique la prohibition aux créances *quæ in judicium deductæ sunt*, et le procès doit continuer entre le créancier primitif et le débiteur : *tanquam si nihil factum sit, lite nihilominus peragenda*. (L. 2, C. *de litigiosis* VIII, 37.) Justinien attribue au fisc le prix de la cession, si l'acheteur était de mauvaise foi. S'il était de bonne foi, il pouvait exiger de son vendeur, outre le prix de la cession, une somme égale au tiers de ce prix. La cession à titre gratuit n'échappe pas à cette pénalité ; la valeur de la donation est estimée : *tali videlicet pœna non solum in aliis contractibus, verum etiam in donationibus porrigenda, ut vera æstimatione facta, cum pretii datio non est, rem ad alium transferens, mulctetur*. (L. 4, C. *de litigiosis*, VIII, 37.) Mais l'empereur autorise exceptionnellement la cession de créances litigieuses, lorsqu'elle est faite à titre de dot, de donation *ante nuptias*, dans une transaction ou dans un partage, à titre de legs ou de fidéicommis, c'est-à-dire dans des cas où le cédant ne peut retirer aucun profit de la cession.

LEX ANASTASIANA.

Le débiteur était insuffisamment protégé contre les rigueurs d'un cessionnaire par la prohibition des cessions *ad potentiorem* et des cessions faites après la *litiscontestatio.* Il fallait encore entraver les poursuites d'un cessionnaire qui avait acheté la créance à vil prix, en raison de la solvabilité douteuse du débiteur, et qui, à force de menaces, de vexations de toutes espèces (*diversis vexationibus*), parvenait à extorquer du débiteur un paiement supérieur au prix de la cession, et parfois le montant intégral de la créance. Anastase voulut ôter tout espoir de gain à ce genre de spéculateurs.

La loi 22, C. *Mandati vel contra*, IV, 35, porte que le cessionnaire d'une créance ne peut exiger du débiteur que le paiement d'une somme égale au prix de cession, plus les intérêts de ce prix : « *Ita tamen, ut si quis datis pecuniis hujusmodi subierit cessionem, usque ad ipsam tantummodo solutarum pecuniarum quantitatem et usurarum, ejus actiones exercere permittatur.* » Certains commentateurs, entre autres M. Accarias, suivant l'avis de Dumoulin, prétendent qu'il ne s'agit dans cette loi que de créances ligitieuses, non pas à la vérité de celles que nous avons vues déclarées incessibles par la survenance de la *litiscontestatio*, mais de celles qui, sans être encore soumises à l'effet de la *litiscontestatio*, sont tout au moins près de devenir l'objet d'une instance. La raison de cette interprétation restrictive est la sévérité même des dispositions de la loi. En outre, les termes de la Constitution d'Anastase paraissent indiquer qu'elle ne concerne que les créances litigieuses, puisque le mot d'action est employé (*cessiones aliis competentium actionum*) de préférence au mot *obligatio*. Cela ressortirait également des expressions de la loi 23 du même titre, qui, visant la loi 22 et parlant des fraudes par lesquelles certaines personnes parviennent à l'éluder, semble vouloir dire que ces personnes sont nécessairement sur le point d'être en procès (*hi qui circa lites morantur*).

Pour que la constitution d'Anastase reçoive son application, il faut que la cession de la créance litigieuse soit à titre onéreux. « *Si autem per donationem cessio facta est*, « *sciant omnes hujusmodi legi locum non esse : sed antiqua* « *jura servanda*. »

La loi, grâce à cette exception faite pour les donations, fut aisément éludée. Je pouvais vendre une créance de cent pour le prix de vingt et déclarer transmettre le surplus de la créance à titre gratuit. Le débiteur qui était obligé de payer le premier cinquième de la créance, puisqu'il ne dépassait pas le prix de la cession, était encore forcé de payer les quatre derniers cinquièmes contre la donation desquels la loi ne le protégeait pas. Justinien, dans la loi 23 § 1, du même titre, prévient cette fraude. Il déclare non avenue cette donation simulée, « *ut nihil amplius accipiat* (*emptor*) « *quam ipse vero contractu re ipsa persolvit*. »

Devra-t-on comprendre sous le nom de vente l'échange d'une créance? On l'a soutenu, en alléguant que la vente n'est citée qu'à titre d'exemple pour signifier toute cession à titre onéreux. Mais, s'il en était ainsi, la difficulté d'établir la valeur de l'objet donné en échange de la créance rendrait le plus souvent impossible la fixation de la somme que devrait payer le débiteur comme remboursement du prix de la cession.

Toutes les cessions à titre onéreux ne sont pas soumises aux dispositions de la constitution d'Anastase. Il est des créances dont la cession est indispensable et doit produire ses effets ordinaires. Telles sont les créances héréditaires, lorsque la cession en est faite entre héritiers; ces cessions facilitent le partage. Telles sont encore les mêmes créances héréditaires lorsqu'elles sont cédées à des légataires ou à des fidéicommissaires, les créances cédées à titre de *datio in solutum*; telles sont aussi les actions sur une chose, quand elles sont cédées au possesseur de la chose; enfin la créance cédée au possesseur de l'objet hypothéqué à la sûreté de cette créance. Ces exceptions ne sont pas énumérées limitativement par Anastase : « *ut cessiones, tam pro exceptis et spe-* « *cialiter enumeratis, quam aliis causis factæ seu faciendæ* « *secundum actiones, quæcumque cessæ sunt, vel fuerint,* « *tenorem, sine quadam imminutione obtineant.* » Une seconde constitution de Justinien, qui forme la loi 24 du même titre, révoque les exceptions admises par la loi Anastasienne. Tout cessionnaire ne peut dès lors agir que dans la limite de ses déboursés.

C'est sous la forme d'une exception que le débiteur invoque la *lex Anastasiana*. Devra-t-il faire preuve du prix que le cessionnaire a payé? Cela semble être impossible. Il ne pourra que prouver que le cessionnaire n'a pas payé un prix équivalent au montant de la créance, et cette preuve lui permettra d'opposer l'*exceptio legis Anastasianæ*. Ce sera au cessionnaire à établir le chiffre du prix payé, et par suite la somme jusqu'à concurrence de laquelle il peut poursuivre le débiteur en paiement de sa dette.

La disposition de l'art. 1699 de notre Code civil a été inspirée par la constitution d'Anastase : « Celui contre lequel « on a cédé un droit litigieux peut s'en faire tenir quitte « par le cessionnaire, en lui remboursant le prix réel de la « cession avec les frais et loyaux coûts, et avec les intérêts « à compter du jour où le cessionnaire a payé le prix de « la cession à lui faite. » Mais le législateur français dit expressément ce qu'Anastase n'avait pas exprimé : ce qu'est un droit litigieux. On n'était pas d'accord sur ce point dans l'ancien droit. Certains parlements déclaraient droit litigieux celui sur lequel, en fait, il y avait litige au moment de la cession ; d'autres exigeaient une appréciation des circonstances et l'apparence d'une contestation possible, alors même qu'en réalité aucune contestation ne serait portée en justice. L'article 1700 porte : « La chose est censée litigieuse dès qu'il y a procès et contestation sur le fond du droit. »

§ II. — *De la cession nécessaire.*

La cession n'est pas toujours une faculté dont le créancier peut à son gré user ou ne pas user : parfois, c'est une nécessité légale qui s'impose, une obligation dont il est tenu vis-à-vis de certaines personnes. Nous verrons, en parcourant les différents cas de cession nécessaire, quels motifs l'ont introduite dans la jurisprudence.

I. Un mandataire, en exécution de son mandat, a acquis une créance. Il a, suppose Ulpien (L. 43, D. *mandati vel contra*, XVII, 1), fait un placement d'argent à terme : « *Qui* « *mandatum suscepit ut pecunias in diem collocaret, isque* « *hoc fecerit....* » Ce n'est pas dans son propre intérêt qu'il a agi, mais, en définitive, dans l'intérêt de son mandant, auquel il devra communiquer le bénéfice de ses opérations lors de sa reddition de comptes. Qu'il cède à ce mandant l'action née en sa personne, celui-ci actionnera lui-même le débiteur ; le but du mandat sera atteint. L'action *mandati* forcera le mandataire à effectuer cette cession des actions : « *...mandati conveniendus est, ut cum dilatione tem-*

« *poris actionibus cedat.* » — Le même jurisconsulte Ulpien, dans la loi 8, § 5, *eod. tit.*, rapporte une décision de Julien, dans ce sens. Paul (L. 45 pr. D. *eod. tit.*) part de ce principe de la cession nécessaire de l'action active du mandataire au mandant, pour admettre, par une juste analogie de motifs, la cession nécessaire de l'action passive à laquelle le mandataire était soumis, et qu'il force le mandant à prendre pour son compte.

Il restait à rendre cette cession elle-même inutile, et à donner, sans aucun retard, une action au mandant contre le débiteur du mandataire. On avait admis que la propriété pouvait s'acquérir par le fait d'autrui (*per extraneum possessio acquiri potest*), comme elle pouvait se transmettre par une tradition faite par quiconque agissait *voluntate domini*. Il s'agissait de mettre sur un certain pied d'égalité le droit de créance et le droit de propriété, en admettant l'acquisition de ce droit de créance par l'entremise du mandataire. Déjà le Préteur avait soumis l'*exercitor* à une action *utile*, dite tantôt *institoria* et tantôt *exercitoria*, donnée aux créanciers de l'*institor* ou du *magister navis*, ses mandataires. Papinien avait généralisé cette innovation prétorienne, et accordé la même faveur, 1° en toute matière commerciale ou civile ; et 2° contre tout mandant, qu'il fût ou ne fût pas *exercitor* (L. 19, D. *De institoria actione*, XIV, 3). La jurisprudence était donc près d'arriver au résultat que je signalais tout à l'heure. Ulpien accorda une action utile au mandant contre les débiteurs de son mandataire (L. 13, § 25, C. *De act. empt.* XIX, 1), comme Papinien en avait donné contre lui aux créanciers de ce mandataire.

Justinien pose en principe, comme un point de droit certain, que l'acheteur d'une action personnelle peut l'intenter *utiliter*. N'est-ce pas dire que l'acheteur, dans le premier cas, comme dans le second, est censé avoir reçu un mandat *ad agendum*, et c'est en qualité de mandataire qu'il agit en justice. Le point mis en doute dans l'ancien droit n'était pas la cessibilité de l'action réelle, mais le droit du cessionnaire à agir en l'absence d'un mandat formel. Or, dans un cas spécial, dans l'hypothèse de l'achat d'une succession, Antonin le Pieux avait déjà établi, au profit de l'acheteur, la présomption d'un mandat *ad agendum*. Justinien généralise ce précédent juridique. Pour lui, ce mandat est sous-entendu dans toute vente d'action, soit réelle, soit personnelle, et la loi 9 (C. *de hered. vel act. vend.*, IV, 39) désigne, sous le nom d'*action utile*, l'action qui en résulte.

Le cessionnaire de l'action réelle doit être regardé comme un *procurator ad litem ;* nous verrons, en étudiant les effets de la *procuratio ad litem*, quelles exceptions le défendeur pourra lui opposer. Mais, qu'on le remarque, la cession de l'action ne rendra pas le cessionnaire propriétaire de la chose revendiquée ; il faudra que la possession vienne se joindre au titre qui a donné lieu à la cession. Il obtiendra en exerçant l'action du propriétaire, *jussu judicis*, la restitution de l'objet litigieux, et n'aura que l'espoir d'en acquérir la propriété par l'usucapion. Au reste, la cession de l'action réelle sera d'un usage peu fréquent, puisqu'elle suppose la dépossession du propriétaire.

Ainsi, dans le dernier état du droit, tel que Justinien l'a trouvé établi et tel qu'il l'a fixé au Digeste, la cession d'une action de mandataire à mandant peut être sous-entendue et fictive. Elle est réputée accomplie du moment que le mandant a fait usage de l'action utile, car, en introduisant l'instance, il épuise l'action, et le mandataire est sans droit pour réclamer une seconde fois du débiteur l'objet de son obligation.

Quant au gérant d'affaires, obligé à rendre compte au maître, il était, par suite, tenu de lui céder les actions acquises dans la gestion. Les principes qui régissent les rapports du mandataire et du mandant s'appliquent à la gestion d'affaires. Du jour où Papinien eut accordé aux tiers qui avaient stipulé du gérant une action utile contre le maître, il fut nécessaire, comme en matière de mandat, de donner au maître une action utile contre les tiers débiteurs du gérant. (L. 31, pr. D. *de neg. gest.*, III, 5).

Nous voyons dans la loi 24, pr. *de min. XXV ann.* IV, 4, qu'un mineur ayant géré sans mandat les affaires d'un tiers peut être contraint par l'action *negotiorum gestorum* de lui céder le bénéfice d'une *in integrum restitutio* et de sa gestion.

Le but poursuivi par la jurisprudence romaine dans la cession nécessaire de la créance du mandataire était de simplifier sa libération envers la personne dans l'intérêt de laquelle il avait stipulé. Il ne saurait pas être question d'une semblable opération dans notre droit moderne, où le mandataire emprunte la personnalité de son commettant et passe le contrat au nom de celui-ci.

II. Un propriétaire a vendu sa chose purement et simplement ou à terme. Les risques sont courus par l'acheteur. Que la chose soit volée pendant qu'elle est encore en la possession du vendeur, ce dernier est libéré de l'obligation qui est devenue impossible à exécuter, sans faute de sa part. Qui aura contre l'auteur du vol l'action *furti ?* D'après les principes généraux du droit, c'est le vendeur en sa qualité de propriétaire, et non pas l'acheteur. D'après Ulpien (L. 14, D. *de furtis*, XLVII, 2) : « *Eum qui emit, si non tradita est ei res,* « *furti actionem non habere, sed adhuc venditoris esse hanc actionem.* » Il en appelle au témoignage de Celsus : « *Celsus scripsit.* » Mais le vendeur devra céder à l'acheteur toutes les actions qui sont nées du vol : « *Mandare eum oportebit emptori furti actionem,* « *et condictionem, et vindicationem.* » Le motif de cette décision est que personne ne doit s'enrichir aux dépens d'autrui ; que le vendeur serait dans l'obligation de reporter à l'acheteur le bénéfice retiré de l'exercice des actions qui lui compètent en sa qualité de propriétaire : « *et si quid ex his actionibus fuerit consecutus, id præs-* « *tare eum emptori oportebit.* » Pour confirmer l'excellence de cette décision, Ulpien invoque l'assentiment de Julien : « *quæ sententia vera est : et ita et Julianus.* »

Papinien est du même avis (L. 80, pr. *eod.*). Mais il ne semble donner l'action *furti* au vendeur que comme intéressé à la conservation de l'objet en sa qualité de propriétaire, et par son obligation de céder, en cas de perte, les actions qui lui compètent. Paul exprime formellement cette idée que l'action appartient à quiconque a intérêt à l'exercer : « *Furti actione is agere potest, cujus interest rem non* « *perdidisse.* » (Sent. II, 31, § 4). Seulement ce jurisconsulte regarde les deux parties comme intéressées à la délivrance : « *Si res vendita, ante traditionem subrepta sit,* « *emptor et venditor furti agere possunt ; utriusque enim* « *interest rem tradi vel tradere.* » (Sent. II, 31, § 17). Mais comment concilier le droit de l'un et de l'autre contractant à exercer l'action? En faisant intervenir l'idée d'une cession sous-entendue. Si l'acheteur agit, la cession est réputée accomplie à son profit. Si le vendeur le prévient, la cession ne peut plus avoir lieu, car l'instance engagée épuise l'action.

Gaïus, dont Justinien reproduit le texte, accorde l'action *furti* à tout intéressé : « *Furti autem actio ei competit* « *cujus interest rem salvam esse, licet dominus non sit.* » (Gaïus, Inst. III, § 203 ; — Justinien, Inst. IV, t. 1, § 13.)

Dans tous les cas où la chose vendue, mais non livrée, a été l'objet d'un délit quelconque, le vendeur est forcé de céder ses actions. Telle est la règle qu'Ulpien pose dans toute sa généralité : « *Sed et si quid præterea rei venditæ* « *nocitum est, actio emptori præstanda est damni forte in-* « *fecti, vel aquæ pluviæ arcendæ, vel Aquiliæ, vel interdicti* « *quod vi, aut clam.* » (L. 13, § 12, D., *de act. empt.* XIX, 1.)

En l'absence d'une vente, il y a encore obligation de céder ses actions pour tout possesseur ou détenteur, tenu de livrer une chose, et qui est mis dans l'impossibilité de le faire par la perte de la chose.

Supposons que le possesseur d'une hérédité ait vendu de bonne foi des objets héréditaires, sa bonne foi ne permet pas de le rendre responsable des aliénations indûment faites. Le droit du *verus heres* se borne à exiger de lui la cession des actions qu'il a acquises tant en sa qualité de vendeur qu'en sa qualité de possesseur, tant les actions de la vente que les actions *furti*, *legis Aquiliæ*, etc.

Un animal, un quadrupède domestique, cause un dommage à autrui. Le propriétaire est passible de l'action *de pauperie*. Un tiers, postérieurement à l'accident, tue l'animal, auteur du délit : il est tenu de l'action *legis Aquiliæ*. Cependant le propriétaire se trouve, par la perte de l'animal, dans l'impossibilité d'échapper à la condamnation de l'action *de pauperie*, par l'abandon noxal. Que fera-t-il? Il abandonnera à la victime du dommage, aux lieu et place de l'animal tué, l'action de la loi Aquilia qu'il a contre l'auteur de sa mort. (L. 1, § 16, D., *si quadrup. paup.* IX. 1.)

Un dépositaire confie à un tiers l'objet qu'il avait lui-même en garde. Ce tiers, par dol, fait disparaître l'objet. Quel est le droit du propriétaire? Exercera-t-il simplement l'action *depositi* contre le premier dépositaire qui est peut-être insolvable? Le propriétaire pourra se faire céder l'action née du deuxième dépôt, et poursuivre directement le tiers dépositaire infidèle. (L. 16, D. *deposit. vel cont.* XVI, 3). Le premier dépositaire sera libéré par cette cession.

Un créancier réalise un gage en le vendant. Il n'est garant vis-à-vis de son acheteur que de l'existence du contrat de gage, mais non de la propriété du débiteur. Plus tard, l'acquéreur subit une éviction. Demeurera-t-il sans recours? Le vendeur sera contraint par l'action *empti* de lui céder l'action *pignoratitia contraria* qu'il avait contre le constituant. (L. 38, D. *De evict.* XXI, 2).

En droit français, pas plus qu'en droit romain, un débiteur, libéré de son obligation par la perte de la chose due, ne peut s'enrichir aux dépens d'autrui en conservant le bénéfice des actions qui lui compètent personnellement. L'article 1303 de notre Code civil reproduit le principe de la cession pécuniaire dont j'ai montré divers cas d'application à Rome : « *Lorsque la chose est périe, mise hors du commerce « ou perdue sans la faute du débiteur, il est tenu, s'il y a « quelques droits ou actions en indemnité par rapport à « cette chose, de les céder à son créancier* ».

III. — Dans les différents cas que j'ai examinés jusqu'ici, la cession d'actions avait pour but la libération du propriétaire de ces actions. Je passe au cas où la cession tend à procurer à une personne le remboursement d'une indemnité qu'elle a payée pour le fait d'un tiers : *ubi incommoda, ibi commoda esse debent.*

Je suppose un armateur, un hôtelier, un *stabularius*, toutes personnes responsables des objets qui leur sont confiés, alors même que la perte ou la dégradation de ces objets provient du fait d'un tiers. Ils sont passibles d'une action *in factum, de recepto.* Quel recours exerceront-ils contre l'auteur du délit pour recouvrer le montant de l'indemnité payée au propriétaire? Antérieurement à l'époque où nous avons vu accorder l'action *furti* à toute personne intéressée à la conservation de la chose, il est sans qualité pour agir. Le propriétaire cependant a contre le voleur la *condictio furtiva*, la *vindicatio*, et, contre l'auteur du dommage, l'action de la loi Aquilia. L'usage de ces actions lui est superflu, désintéressé qu'il est par le dépositaire ; celui-ci exigera la cession des actions du propriétaire, pour arriver au remboursement de l'indemnité qu'il a payée. (L. 6, § 4, D. IV, 9).

Il est évident que si la perte de la chose provient du fait du détenteur, il n'aura aucun droit à la cession des actions du propriétaire. Ainsi le possesseur qui, par dol, cesse de posséder et qui, passible néanmoins de l'action en revendication, a été condamné à des dommages-intérêts envers le propriétaire, ne peut exiger la cession de l'action de celui-ci pour recouvrer la chose aux mains du tiers qui s'en est saisi. « *Is, qui dolo fecit, quominus possideret,* « *hoc quoque nomine punitur, quod actor cavere ei non de-* « *bet, actiones quas ejus rei nomine habeat, se ei præstatu-* « *rum.* » (L. 69, D. *De rei vind.* VI, 1). Comment, en effet, accorder une cession d'action à celui que sa possession frauduleuse laisse considérer comme toujours détenteur : « *semper, qui dolo fecit, quominus haberet, pro eo habendus* « *est, ac si haberet.* » (L. 157, § 1, D. *De reg. juris*, L. 17).

IV. — D'après la loi des XII Tables, les créances héréditaires étaient partagées proportionnellement entre les héritiers. Lorsque plus tard, en vue de faciliter le partage, il fut permis au juge de l'action *familiæ erciscundæ* de faire entrer les créances dans un même lot, celui entre les mains de qui tombait une créance obtenait de chacun de ses héritiers une *procuratio in rem suam*, par laquelle ils devaient lui céder la part d'action dans laquelle ils succédaient au défunt. (LL. 2, § 5, et 3, D. *famil. ercisc.* x, 2).

V. — Le *beneficium cedendarum actionum* donne au fidéjusseur la faculté de se faire céder l'action du créancier contre le débiteur de la dette principale. Cette action peut produire des résultats plus avantageux que l'action qui lui compète personnellement. Le droit du créancier peut être en effet garanti par un privilège inhérent à ce créancier, ou encore par une hypothèque ; son action peut être, en outre, de celles qui aboutissent à une condamnation au double, au cas d'*infitiatio* du débiteur. Enfin, s'il a des cofidéjusseurs, le cessionnaire acquiert contre eux un recours dont il serait privé sans cette cession. (L. 39, D. *De fidej.* XLVI, I.)

Le payement du fidéjusseur devrait, d'après les principes de droit commun, éteindre la dette principale, et rendre impossible toute cession d'action. La jurisprudence, en imaginant le bénéfice de cession, le fit reposer sur une fiction. Le paiement du fidéjusseur est considéré comme le prix de la cession (L. 36, D. *De fidej.*). Il ne peut, en conséquence, l'obtenir qu'en offrant le montant intégral de la dette (L. 17, D. *De fidej.*); et cette cession doit être réalisée avant le paiement qui éteindrait la créance (L. 76, D. *De solut.* XLVI, 3).

Le créancier n'est pas obligé de recevoir le paiement des mains du fidéjusseur et de lui céder ses actions. Mais, s'il le poursuit, son action sera tenue en échec par l'exception de dol que lui opposera celui-ci pour le contraindre à la cession. (L. 18, § 5, D. *famil. ercisc.* x, 2 ; — L. 65, D. *de evict.* XXI, 2.)

Le fidéjusseur doit, bien entendu, se contenter de la cession des actions dont le créancier est encore nanti. Les textes font à des cas particuliers l'application de ce principe général.

Le *mandator pecuniæ credendæ* est, au contraire, en droit d'exiger de son mandataire la conservation de toutes les actions qu'il a acquises contre le tiers à qui les deniers ont été prêtés. Ce mandataire a dû, en effet, s'attendre à rendre compte de ces actions le jour où il viendrait à être remboursé de ses avances. (L. 95, § 11, D. *de solut.*, XLVI, 3.) Bien que le *mandator* soit en quelque sorte le fidéjusseur du tiers dont il cautionne la dette, néanmoins il peut encore demander à son mandataire la cession de ses actions, après l'avoir payé. Ce paiement n'éteint que sa dette envers son mandataire; la créance de celui-ci sur le tiers, tout à fait distincte de la première, et ne procédant pas du même contrat, n'est pas atteinte. (L. 28, D. *mand.*; L. 95, § 10, D. *de solut.*)

Le débiteur solidaire, actionné pour la totalité de la dette commune, peut exiger du créancier la cession de ses actions contre les autres débiteurs, si la poursuite n'est fondée ni sur son dol personnel, ni sur le dol commun à tous. Le paiement qu'il fait est regardé comme le prix de la cession. Remarquons qu'une action utile lui est accordée, s'il a payé sans demander la cession qui est alors sous-entendue. (L. 2, C. v, 58; L. 4, D. IX, 3; L. 1, § 13, D. XXVII, 3.) Les textes établissent ce recours au profit d'un co-tuteur, d'un co-acheteur, d'un co-locataire, d'un co-délinquant, et doivent être généralisés.

Un tuteur pouvait encore, s'il était personnellement condamné pour n'avoir pas poursuivi en temps opportun le débiteur de son pupille, exiger la cession des actions de celui-ci. (L. 95, § 10, D. *de solut.*, XLVI, 3.)

Ce recours au moyen de l'action du créancier peut-il s'exercer entre débiteurs corréaux? Le *beneficium ceden-*

darum actionum n'est pas incompatible avec l'idée de l'obligation corréale. Dans la loi 65, D. *de evictionibus*, xxi, 2, Papinien suppose que deux héritiers ont vendu une chose hypothéquée à la sûreté d'une dette héréditaire. L'un paye la dette jusqu'à concurrence de son obligation personnelle. Cependant l'acheteur évincé par le créancier hypothécaire recourt contre l'un et l'autre héritiers. Celui qui a payé sa part de la dette peut-il se faire céder l'action du créancier, pour se faire indemniser de la part qu'il supporte dans l'action en garantie de l'acheteur? Non, dit Papinien, parce que l'obligation des deux héritiers n'est pas corréale. De cette réponse l'on conclut *a contrario* que la cession d'action a lieu au profit d'un débiteur corréal. Dans la loi 2, C. *de duobus reis*, viii, 40, les empereurs Dioclétien et Maximien ont à se prononcer sur le cas où le *correus* qui a payé la dette a négligé de se faire céder l'action du créancier. Ils déclarent qu'il peut lui être donné un recours contre son codébiteur. Pourquoi la cession est-elle sous-entendue? Probablement parce que la dette a été contractée *communiter*, c'est-à-dire dans un intérêt commun, par les deux *correi*. Ce texte peut donc donner à entendre que la cession a lieu tout au moins lorsque les *correi* sont *socii*. M. Accarias enseigne que les *correi socii* jouissent du bénéfice de la cession, à l'exclusion des *correi non socii*. Il fonde sa doctrine sur la loi 62, *pr.*, D. *ad leg. Falcid.*, xxxv, 2, dans laquelle Ulpien dit qu'étant donnés deux *correi promittendi* non associés, on ne sait pas d'avance quel est celui dont le patrimoine est grevé. Si la cession d'action leur était accordée, il serait dès à présent certain que chacun d'eux supportera, en définitive, la moitié de la dette. Ainsi, tandis qu'un texte donne le *beneficium cedendarum actionum* aux *correi socii*, un autre texte le refuse aux *correi non socii*. La communauté d'intérêts, l'état de société nécessite une cession d'action qui assure la répartition de la dette entre les codébiteurs.

Le principe de la cession nécessaire au profit d'une personne tenue avec d'autres ou pour d'autres au paiement d'une dette se retrouve dans l'art. 1251 de notre Code civil. Mais, tandis qu'à Rome le débiteur qui a droit à cette cession est, la plupart du temps, obligé de la demander, souvent même avant que le paiement soit effectué, le débiteur français serait, dans les quelques derniers cas que je viens de passer en revue, subrogé de plein droit dans l'action du créancier. Ici encore l'on peut saisir la marche différente suivie par les deux législations. Pour le droit romain, cette cession de créance procède d'une vente fictive, et se réalise par les moyens détournés que nous avons précédemment étudiés. Le droit français se trace une route nouvelle et plus courte, il transporte la créance même sur la tête de celui qu'il subroge au créancier originaire.

DROIT FRANÇAIS

DE LA TRANSMISSION DES TITRES AU PORTEUR

Le droit français, étranger aux subtilités de la procédure romaine, sacrifia le caractère personnel qui existe dans les rapports du créancier et du débiteur, pour consentir franchement à un transport véritable de la créance. Notre Code ne pouvait, en effet, avoir recours à une novation contractuelle qui eût nécessité le consentement, souvent difficile à obtenir, du débiteur ; ni à une *procuratio in rem suam*, puisque le mandataire ne plaide plus en son propre nom, et que l'instance ne produit plus une novation, semblable à celle qui résultait de la *litiscontestatio;* ni enfin à une action *utile*, dans une législation où il n'est pas permis de créer un droit prétorien à côté du droit civil. L'action même du créancier originaire est donc transférée au cessionnaire de la créance. Le transport de cette action résulte, comme la faculté de faire usage de l'action utile, du seul consentement des parties. Cela est logique sous l'empire d'un Code qui donne aux conventions le pouvoir de transférer la propriété. Déjà, dans le dernier état du droit romain, l'intention des parties contractantes commençait à obtenir une importance légitime. Elle s'était dégagée des liens d'un formalisme étroit, et sa seule manifestation, en dehors même des formules consacrées, était prise en considération. Au temps de Justinien, l'*animus novandi* était devenue une condition nouvelle de la novation. Le semblant de transport imaginé sous le Bas-Empire résultait d'un simple pacte. Notre Code va plus loin, et n'exige plus pour la validité du transport à l'égard des tiers qu'une publicité à peu près semblable à celle de la *denuntiatio.* La convention des parties doit être signifiée au débiteur cédé, à moins que celui-ci n'ait accepté le transport dans un acte authentique (art. 1690). C'est l'accomplissement de cette formalité qui lie le débiteur au cessionnaire de la créance.

A ces règles de droit commun, deux sortes de modifications peuvent être apportées par une réglementation spéciale : l'une restrictive, l'autre extensive de la cessibilité des créances.

Le transport devient plus difficile si l'on exige, à l'égard des tiers, non plus une simple signification, mais l'intervention effective du débiteur cédé. Il en est ainsi pour les créances que constate un titre nominatif, alors l'intervention n'est pas volontaire comme dans la *stipulatio*, mais nécessaire comme au cas de *litiscontestatio.* Le débiteur peut être contraint à faire sur ses registres l'inscription d'où résulte le transfert qu'il est obligé de subir.

La cession se trouve, au contraire, facilitée par ce fait, que le débiteur pourra être tenu à l'écart de l'opération qui la réalise. Ce résultat est obtenu si le titre de la créance est négociable par voie d'endossement. Le débiteur, en le souscrivant, consent implicitement et par avance à des changements indéfinis de créanciers qui deviendront ainsi possibles sans sa participation et à son insu. Quant aux tiers, créanciers du cédant, ils ne sauraient se plaindre qu'on leur ait laissé ignorer la cession, puisqu'ils ont suivi la foi de leur débiteur.

La cession est encore plus facile quand le titre de la créance est au porteur. La forme du titre l'emporte sur le fond du droit. Le titre, comme tout objet mobilier, appartient à quiconque en reçoit tradition, et la créance qui y est attachée circule avec lui de main en main. Le débiteur, en effet, en souscrivant un tel titre, consent à avoir pour créancier tout individu qui en sera porteur. De cette facilité de transmission, résultent des avantages et des inconvénients qui ont permis à un auteur de comparer le titre au porteur à la langue, ce mets qu'Esope servit un jour comme la meilleure, et, le lendemain, comme la pire chose du monde.

Les titres au porteur sont un puissant moyen de crédit par la rapidité et le secret de leur transmission. D'une part, l'emprunteur y trouve son profit; d'autre part, les prêteurs, c'est-à-dire les capitalistes, sont heureux de trouver l'emploi de leurs fonds, puisqu'ils ont toutes facilités pour réaliser leurs titres, quand il leur plaira, par une négociation prompte et peu coûteuse. Le porteur de ces titres a toujours la libre disposition de sa fortune; il est toujours en mesure de la jeter dans une spéculation imprévue, lorsqu'elle se présente. Toutefois, à côté de son utilité, le titre au porteur offre des inconvénients sérieux. Il fournit à son possesseur un moyen facile d'éluder les dispositions les plus fondamentales des lois. Les règles de la réserve et de la quotité disponible, l'égalité entre les enfants d'un même père, les incapacités de donner et de recevoir, seront aisément tournées. Les valeurs au porteur ne laissent, en effet, aucune trace de leur passage dans le patrimoine, si leur individualité n'est pas constatée par l'indication des numéros dont ils portent l'inscription. Le vol, l'incendie, l'inondation peuvent les détruire et anéantir ainsi une fortune entière. L'ignorance et l'imprudence des possesseurs sont aussi une cause fréquente de la perte ou de la destruction des titres.

Il n'entre guère dans le cadre de cette courte étude sur la transmission des titres au porteur de rechercher leur origine. Je n'en dirai qu'un mot. Vers la fin du XVIe siècle, on avait imaginé des billets en blanc, c'est-à-dire des billets dans lesquels le nom du créancier était laissé en blanc, et qui permettaient au cessionnaire qui en était porteur au moment du remboursement d'y insérer le sien. Deux arrêts de règlement du Parlement de Paris des 7 juin 1611 et 26 mars 1621, les prohibèrent comme couvrant certaines fraudes, notamment l'usure. La prohibition fut éludée par la transformation des billets en blanc en billets au porteur. Ceux-ci furent à leur tour supprimés par arrêt du même parlement du 16 mai 1650. Rétablis par l'Ordonnance sur le commerce de 1673 et par une déclaration royale du 26 février 1692, ils furent de nouveau prohibés par un édit de mai 1716. Le motif véritable, mais non avoué, de la prohibition était, cette fois, de favoriser la circulation des billets également au porteur de la banque générale de Law, sur le point de devenir banque royale. La chute du trop fameux *système* ne discréta point le billet au porteur qui fut, une fois de plus, autorisé par déclaration royale du 21 janvier 1721.

Les assignats émis par la Convention n'étaient que des titres au porteur. L'absence de numéraire avait inspiré à quelques capitalistes et à certains corps administratifs et municipaux l'idée d'émettre en circulation, sous le nom de billets de confiance, patriotiques ou de secours, des titres au porteur pouvant servir de monnaie fiduciaire, concurremment aux assignats. La loi du 8 novembre 1792 arrêta l'émission de ces billets. La Convention, par un décret du 25 thermidor an III, interprétatif de cette loi, déclara n'avoir pas entendu comprendre dans la prohibition les titres qui n'avaient pas pour objet de suppléer la monnaie, et qui étaient sous la protection de la Déclaration de 1721.

La validité du titre au porteur fut reconnue implicitement par l'article 1er du titre II de la loi du 15 germinal an VI, sur la contrainte par corps, et, sous l'Empire, par le Code de commerce qui, dans son article 35, décida que le capital des sociétés anonymes pourrait être divisé en actions au porteur. Il est à remarquer que, jusque-là, il avait paru contraire à l'essence de la Société de supprimer la personnalité de l'associé, et d'accorder cette qualité au porteur momentané de l'action. Le législateur de 1807 considéra que la Société anonyme était plutôt une association de capitaux qu'une association de personnes. Dès lors on dut agiter la question de savoir si la Société en commandite devait bénéficier de la même faveur. La controverse fut soulevée dans un procès intenté contre la Société des Messageries du commerce, connue sous la raison Armand, Lecomte et Cie, dont les actions avaient revêtu la forme au porteur. Les meilleurs jurisconsultes de l'époque étaient divisés. Néanmoins la Cour de Paris, établissant une jurisprudence qui a prévalu, décida, dans un arrêt du 7 février 1832, que le droit d'émettre des actions au porteur devait être étendu à la Société en commandite, malgré l'impossibilité qui en résultait de rendre les commanditaires responsables de leur immixtion dans la gérance de la Société. Cette décision encourageait l'agiotage, et le législateur de 1856 fut obligé d'en restreindre la portée, en ne permettant aux actions de prendre la forme au porteur qu'après leur complète libération. Revenant en partie aux errements du passé, la loi de 1867 autorise la conversion des actions, après libération de la moitié de leur valeur.

Cependant de nombreuses demandes avaient été adressées au gouvernement, à l'effet d'affranchir la négociation des titres de rente de la dette publique des formalités ordinaires du transfert, justifications d'individualité et de propriété. Des décisions ministérielles (14 octobre 1816, 26 mai 1819, 24 mai 1825, 5 mars 1830) avaient autorisé l'émission de certificats au porteur de participation à des inscriptions de rente déposées par certaines maisons de banque. Une ordonnance royale, rendue le 29 avril 1831, sur le rapport du baron Louis, autorisa la conversion des rentes sur l'État en rentes au porteur. En vertu d'une seconde ordonnance du 10 mai suivant, des coupons d'arrérages, également au porteur, furent attachés à ces extraits d'inscription. Certains titres de la dette flottante, obligations et bons du Trésor, peuvent aussi prendre la forme au porteur.

Bien que, dans son usage le plus important, le titre au porteur serve à constater un droit de créance, il peut encore établir la preuve de tous les autres droits qui, par leur nature, ne répugnent pas aux facilités de transmission qui doivent résulter de la nature du titre. Que sont en réalité les timbres-poste, les billets de chemins de fer, les billets de spectacle, sinon des titres qui donnent à quiconque en est porteur le droit d'exiger un fait?

Je ne m'occuperai, cependant, que du titre ayant pour objet le paiement d'une somme d'argent. Je prendrai ce titre au moment où déjà il circule dans le public, sans remonter aux conditions de son émission, et j'étudierai sa transmission, soit qu'elle confère un droit de propriété, soit qu'elle ait lieu à titre d'usufruit, à titre de commodat, de dépôt ou de gage; soit enfin qu'elle résulte de la saisie des créanciers. J'examinerai ensuite les effets de la possession des valeurs au porteur, et les droits du propriétaire dépossédé, notamment après la législation de 1872.

CHAPITRE PREMIER

DE LA TRANSMISSION A TITRE DE PROPRIÉTÉ.

SECTION PREMIÈRE

TRANSMISSION A TITRE GRATUIT.

§ 1er. — *Succession* ab. intestat.

La succession est un mode général de transmission qui s'applique sans distinction à tous les biens (art. 711, Cod. civ.). Il n'y aurait pas à en parler si quelques questions spéciales aux titres au porteur ne pouvaient se poser à son occasion. La première est relative à une formalité exigée dans tout inventaire par l'art. 943, § 6 du Code de procédure civile : « Les papiers seront cotés par première et « dernière ; ils seront paraphés de la main d'un des no- « taires... » L'observation de cette disposition empêchera les détournements des titres au porteur. Au cas où un détournement aura lieu, l'identité des titres sera facile à établir, lorsque le propriétaire des titres détournés exercera une action en revendication. Dans la pratique, cette formalité aura l'inconvénient de rendre quelquefois difficile la négociation des titres, car la cote et le paraphe pourront inspirer à l'acheteur la crainte de recevoir des valeurs distraites d'une succession et d'être soumis à une revendication dont le succès sera amené par la constatation de l'identité des titres. Remarquons cependant que la cote et le paraphe ne suffiront pas à établir la mauvaise foi du tiers acquéreur et lui laisseront la faculté d'invoquer la maxime : En fait de meubles, la possession vaut titre, pour couvrir les valeurs qui lui auront été livrées. L'agent de change, intermédiaire de la négociation, aura à craindre de voir sa responsabilité engagée, s'il n'a pas la prudence de s'assurer de la propriété de son client sur les titres qui lui sont remis pour être vendus, alors qu'une marque en rend l'origine suspecte. La jurisprudence admet cependant [1], en dépit du texte formel de l'art. 943, § 6, dont les termes généraux comprennent évidemment les titres au porteur, que la formalité de la cote et du paraphe ne leur est pas applicable. Elle fonde sa décision sur une simple lettre du Ministre de la justice, rapportée par M. Debelleyme, dans ses *Ordonnances sur requêtes et référés*, lettre aux termes de laquelle le président « pourra dispenser les « notaires de coter et parapher les valeurs au porteur, « mais à la condition expresse par le notaire de les dépo- « ser immédiatement à la Banque de France ; le récépissé « seul de la Banque devra être inventorié ». Cette jurisprudence me semble étendre le pouvoir du juge des référés au-delà des termes de l'art. 944 du Code de procédure civile, qui lui donne mission de trancher les « difficultés » susceptibles de s'élever à l'occasion de l'inventaire, mais ne saurait avoir pour objet de substituer l'appréciation judiciaire aux dispositions précises de la loi.

Certains titres au porteur échapperont par leur nature à l'application de l'art. 943, § 6 ; ce sont ceux qui, comme les

1. Cass arrêt 15 avril 1861 — Dalloz, 61, I, 230 La Cour de cass se fonde également sur ce motif, que les formalités de l'art 943 entraîneraient « des recherches et garanties incompatibles avec les avantages de la libre circulation qui est de l'essence de ces titres ». C'est faire la critique de la loi, ce n'est plus l'appliquer, ni l'interpréter.

billets de la Banque de France, sont une monnaie fiduciaire, assimilable à une monnaie ordinaire.

§ II. — *Donation entre-vifs ou testamentaire.*

La donation entre-vifs ou testamentaire de titres au porteur sera faite suivant les règles de droit commun : il faudra notamment appliquer les principes généraux en matière de capacité.

Les règles spéciales consistent en ce que les titres au porteur pourront faire l'objet d'un don manuel. Le titre au porteur étant considéré comme un meuble corporel, toute signification au cédé est inutile. Le donataire trouve dans la maxime : En fait de meubles, la possession vaut titre, le moyen de conserver les titres qui lui ont été livrés, lorsqu'il n'a point été dressé d'acte notarié, ni d'état estimatif. Les héritiers du donateur, pour combattre la prétention du porteur qui allégue un don manuel, seront obligés de démontrer que ce dernier avait reçu les valeurs, non point à titre de propriété, mais à titre précaire, comme dépositaire ou comme emprunteur, ou bien encore qu'il les avait dérobées à la succession. La jurisprudence ne voyant dans l'art. 2279 du Code civil qu'une présomption *juris tantum* de la propriété du possesseur d'un meuble, rend trop facile la preuve de cette obligation de restituer; elle admet, en l'absence de la preuve du détournement, que la présomption que les titres n'ont pas été remis à titre de propriété suffit à renverser la présomption de propriété qui résulte de la possession d'un objet mobilier.

CHAPITRE II

DE LA TRANSMISSION A TITRE ONÉREUX DES VALEURS AU PORTEUR.

Le mode de transmission applicable à la propriété des titres au porteur est indiqué par l'art. 35 du Code de commerce, ainsi conçu : « L'action peut être établie sous forme « d'un titre au porteur. — Dans ce cas, la cession s'opère « par la tradition du titre. » Cette disposition se réfère à l'action d'une Société anonyme, la seule dont un texte reconnaisse expressément la possibilité de diviser le capital en actions au porteur ; elle doit pourtant être généralisée et étendue à toutes les valeurs de même nature. La tradition du titre est, en effet, le mode de transmission qui, de tout temps, leur a été reconnu propre. Parlant des billets, seules valeurs au porteur connues à cette époque, un conseiller au présidial d'Orléans, commentateur des Ordonnances d'août 1669 et de mars 1673, écrit en 1755 : « Quand « on donne ces sortes de billets en paiement, on ne met « au dos ni garantie, ni signature en blanc, parce que celui « qui les donne en transfère la propriété de la main à la « main. Néanmoins, celui qui prend en paiement un billet « de cette espèce doit prendre la précaution de le faire ga- « rantir par celui de qui il le reçoit, et de faire écrire et « signer cette garantie au dos du billet. »

La forme et la dénomination du titre dénotent, d'ailleurs, que la dette qu'il constate est payable à toute personne qui en a reçu tradition. Cette forme communique à la créance une existence dépendante du titre; le droit se confond avec l'étiquette qui le couvre, du moins en ce qui concerne sa transmission. En sorte qu'à ce point de vue, il faut faire abstraction de la créance et considérer la seule nature du titre avec lequel elle circule de main en main, dont elle suit les destinées sans pouvoir s'en jamais séparer.

La transmission à titre onéreux de la propriété des valeurs au porteur exige les conditions générales requises pour la validité de toute vente ou cession. Il faut donc appliquer les principes généraux en ce qui concerne le consentement des parties, la cause et l'objet.

J'examinerai spécialement l'effet de l'incapacité générale des femmes mariées, des mineurs, des interdits, des prodigues pourvus d'un conseil judiciaire, par rapport à l'aliénation des titres au porteur appartenant à ces différentes personnes.

Quel est le sort de la vente consentie par une femme, sans autorisation maritale? Le principe de la solution réside dans la nature de l'aliénation du titre, qui me semble ne constituer qu'un acte d'administration. Sans vouloir alléguer les raisons qui peuvent faire considérer sous cet aspect la disposition de tout objet mobilier, il est possible de tirer de la nature et du but du titre au porteur un motif particulier de décision. Une créance n'est revêtue de la forme au porteur que pour circuler plus aisément, pour devenir essentiellement transmissible, et pour que le prix de la cession remplace le paiement d'une dette dont l'échéance est d'ordinaire très éloignée, quelquefois même incertaine et fixée par la voie du sort. Aux yeux du législateur actuel, l'aliénation de cette sorte de valeur n'est qu'un acte d'administration; aussi prépare-t-il une loi qui soumettrait à des formalités restrictives, la conversion comme l'aliénation des titres appartenant à des incapables plus spécialement dignes de protection.

Pour prononcer sur la validité de l'aliénation des titres au porteur faite par une femme non autorisée, il suffit donc de constater si le régime matrimonial lui laisse, ou non, le pouvoir d'administrer ses biens.

Ainsi la femme séparée de biens ayant l'administration de sa fortune pourra valablement aliéner ou céder ses valeurs au porteur. De même encore, la femme mariée sous le régime dotal aura le droit de céder ses titres paraphernaux.

Il en serait autrement de la femme mariée sous un régime qui accorde au mari l'administration de ses biens : en ce cas, la femme ne peut, sans autorisation, disposer de ses titres. De deux choses l'une, en effet : ou elle prétend faire une aliénation que, sous tout régime, elle ne peut faire seule, ou elle prétend faire acte d'une administration dont le pouvoir lui a été retiré au profit de son mari. Dans les deux hypothèses, la femme est incapable. Il en est ainsi sous le régime de communauté et sous le régime d'exclusion de communauté. Les titres dotaux seraient également non susceptibles d'aliénation. La femme ne peut la consentir ni à titre d'administration, ni à titre de disposition. Elle est dépouillée du droit d'administrer sa dot et elle ne peut l'aliéner, soit que son incapacité générale de femme mariée l'en empêche, soit que, suivant la doctrine et la jurisprudence, la dot mobilière soit inaliénable entre ses mains.

L'incapacité de la femme ne rend la vente qu'annulable, et l'autre partie contractante ne sera pas recevable à en faire prononcer la nullité (art. 1125). Dans le système de la jurisprudence, la nullité résultant de l'inaliénabilité du titre existerait à l'égard des deux parties. Le tiers pourrait-il, au contraire, la faire maintenir en opposant à la demande en nullité la tradition qui lui a été faite des titres vendus? Je ne le pense pas : sa négligence à se renseigner sur la capacité de la femme ne lui permet pas de prétendre à une possession de bonne foi et de se mettre sous la protection de la maxime : En fait de meubles, la possession vaut titre.

La cession que la femme fait de ses coupons est, à coup sûr, un acte d'administration qui ne tend qu'à la perception de simples revenus. Mais, alors même que la femme n'aurait pas l'administration de ses biens, cette cession serait encore valable. Le cessionnaire n'est pas tenu de lui demander de justifier de sa propriété et de sa qualité. Malgré les numéros d'ordre qu'ils portent, l'individualité qui les différencie d'une monnaie et l'échéance fixe à laquelle ils sont remboursables, les coupons sont assez assimilables à une monnaie courante qui peut être employée à des paiements; le mari a pu les remettre à sa femme pour cet objet. Dans la pratique, la femme touche, sans difficultés, des compagnies le montant des coupons, sur leur simple présentation et sans justifier de sa qualité de femme capable.

En ce qui concerne l'aliénation de titres au porteur consentie par un mineur, il faut distinguer le cas où le mineur est émancipé et celui où le mineur est non émancipé. Le mineur émancipé a une capacité suffisante pour procéder aux actes d'administration (art. 481); par suite, il a capacité pour vendre ses titres au porteur sans recourir à l'assistance de son curateur; cette assistance ne sera nécessaire que pour toucher le capital représenté par le titre et pour en donner décharge (art. 482). L'assistance du curateur lui est encore nécessaire, aux termes de la loi du 24 mars 1806, pour opérer le transfert d'une inscription de rente sur l'État, dont le capital est supérieur à cinquante francs. Cette loi n'avait trait qu'aux inscriptions nominatives alors seules existantes ; néanmoins son esprit et son but la rendent, je crois, applicable aux inscriptions au porteur permises par l'Ordonnance du 29 avril 1831. La demande en nullité d'une vente faite au mépris des dispositions de la loi de 1806 n'aurait pas un succès assuré devant les tribunaux. L'acheteur en possession, si les circonstances de la cause ne démontrent pas que ce soit par sa faute qu'il ait ignoré l'incapacité du vendeur, opposera victorieusement à celui-ci la maxime : En fait de meubles, la possession vaut titre. Quant aux actions et portions d'action de la Banque de France, leur aliénation est frappée d'une restriction analogue par le décret du 25 septembre 1813. Mais, en prohibant pour ces actions la forme au porteur, les textes qui régissent l'organisation de la Banque de France rendent étrangère à mon sujet la question de validité de leur négociation.

Le prodigue à qui est faite la défense d'aliéner devra toujours recourir à l'assistance de son conseil. Cette défense est conçue en termes assez généraux pour qu'elle s'applique à l'aliénation qui serait faite dans un but de simple administration.

Le mineur non émancipé et l'interdit, incapables d'administrer leurs biens, ne peuvent valablement aliéner leurs titres au porteur. Toutefois, la nullité qui frappe ces cessions n'aura d'effet qu'autant que l'acquéreur aura commis une négligence en omettant de s'enquérir de la capacité du vendeur ; dans ce cas, sa faute communiquerait à sa possession un caractère de mauvaise foi suffisant pour l'empêcher d'en tirer avantage et de conserver les titres livrés. La même décision est applicable à l'aliéné placé dans une maison de santé et soumis aux dispositions de la loi du 30 juin 1838.

Le tuteur du mineur ou de l'interdit, les administrateurs

de la maison de santé où l'aliéné est placé ont seuls, en vertu de leur pouvoir d'administration, qualité pour la cession des titres au porteur qui dépendent du patrimoine de l'incapable.

La cession de coupons est valablement faite par le mineur émancipé qui a l'administration et la jouissance libre de ses biens. Il en est de même de la cession faite par le prodigue : il a toujours la complète disposition de ses revenus.

Le mineur non émancipé et l'interdit les céderont comme peut le faire la femme dépourvue de l'administration de ses biens et pour le même motif : il serait trop rigoureux d'exiger du cessionnaire qu'il ait demandé au cédant une justification de qualité. Toutefois, si l'âge du mineur est tel qu'il puisse donner des doutes sérieux sur sa capacité, il y aura lieu de refuser au cessionnaire la protection que sa bonne foi lui eût fait trouver dans l'article 2279.

Faudrait-il considérer la conversion de titres nominatifs en titres au porteur comme un acte d'aliénation? Non, il est évident qu'en soi-même la conversion ne peut pas être considérée comme un acte d'aliénation. La jurisprudence n'y voit, avec raison, qu'un acte d'administration préparatoire à l'aliénation. Cette conversion précède et facilite une aliénation qui en est la suite fréquente, mais qui n'en est jamais la conséquence forcée. De l'application de ce principe, il résulte que la femme séparée de biens, et la femme dotale, en ce qui touche ses titres paraphernaux, trouveraient dans leur pouvoir d'administrer la faculté d'opérer une conversion de titres, alors même que leur aliénation serait considérée comme un acte de disposition. Ainsi jugé : Cour Paris, 12 juillet 1869; Cour cass. 8 février 1870; Paris 1er mars 1875. Dalloz, 76. 2. 158; Cassation. req. 13 juin 1876. Dall. 78. 1. 181. Même dans le système rigoureux de l'inaliénabilité de la dot mobilière, imaginé par la jurisprudence, les titres dotaux peuvent être convertis par le mari, administrateur de la dot.

Il en résulte encore que le mineur émancipé pourra, sans l'assistance de son curateur, effectuer cette conversion des titres. De même, le tuteur du mineur non émancipé, de l'interdit, n'aura pas besoin de l'autorisation du conseil de famille pour convertir les valeurs au porteur en valeurs nominatives.

Ainsi jugé par le Tribunal de la Seine, 10 mai 1870. Dall. 70. 3. 103; arrêt de la Cour de Paris, 11 déc. 1871; Cour cassation, 4 août 1873. Dall. 75. 5. 468. La jurisprudence est fixée sur ce point. Il faut remarquer toutefois qu'il peut être défendu au prodigue de recevoir le montant des titres cédés, et d'en donner décharge sans l'assistance de son conseil judiciaire.

Les conséquences si graves de cette jurisprudence ont déterminé le gouvernement à provoquer une réforme législative.

Un projet de loi présenté par M. Dufaure, ministre de la justice, le 12 janv. 1878, a été voté par le Sénat, dans les séances des 2 et 25 mai 1878, et adopté en première lecture par la Chambre des députés, dans sa séance du 9 juin 1879. Ce projet tend à appliquer les formalités protectrices de la vente des immeubles à la cession des meubles incorporels des mineurs, des interdits et des aliénés placés dans une maison de santé (art. 1, 2, 8). Il va même plus loin et assimile à une cession la conversion des titres nominatifs de l'incapable en titres au porteur (art. 10). — Mais il est à remarquer qu'il n'est pas question dans le projet des femmes mariées : leur situation ne sera donc pas changée par le vote de la loi proposée.

Jusqu'à présent, le tuteur prend, dans son pouvoir d'administrer les biens de son pupille, la faculté d'aliéner les meubles incorporels qui en dépendent. Les intérêts de l'incapable ne sont protégés contre la cession qui en est consentie par le tuteur que par la responsabilité dont il est tenu pour tous les actes de sa gestion. Que l'on suppose le tuteur insolvable, et la fortune de l'incapable est compromise. Cependant la richesse mobilière a pris des proportions telles que les meubles corporels composent aujourd'hui une partie considérable, sinon la totalité de nombreux patrimoines. Il n'est pas logique d'abandonner, en fait, au tuteur la libre disposition de la fortune mobilière dont l'administration lui est confiée, quand sa qualité d'administrateur ne le laisse pas libre de disposer seul des immeubles également soumis à sa gestion, lors même que la valeur en est minime.

Les formalités dont le projet de loi entoure la vente des meubles incorporels de l'incapable sont celles que requiert l'aliénation immobilière. L'autorisation du conseil de famille est toujours nécessaire (art. 1); l'homologation de la délibération n'est pas exigée sans distinction des circonstances. Dans le projet de la commission du Sénat, ce surcroît de garantie n'intervenait dans l'aliénation qu'au cas où la valeur de l'objet était, d'après l'estimation qui en était faite par le Conseil lui-même, supérieure à 5,000 francs. Le Sénat en faisait dépendre la nécessité non plus du taux de l'aliénation, mais de l'absence d'unanimité de voix dans l'autorisation donnée par le conseil de famille. La commission de la Chambre des députés revenait au système primitif et n'exigeait l'homologation que si l'objet atteignait une certaine valeur dont elle abaissait le chiffre à 3,000 francs. M. Jozon, rapporteur, entraîna le vote de la Chambre, en faisant observer que les garanties prescrites par la loi devaient être proportionnées à l'intérêt en jeu; que, quand il s'agissait de la compétence des tribunaux, l'affaire était portée, suivant la valeur du litige, devant le juge de paix, ou devant le tribunal de première instance, à charge ou non d'appel ; que toutes les dispositions de nos Codes établissaient une correspondance nécessaire entre l'importance des garanties et l'intérêt à sauvegarder ; qu'il était à craindre que l'indifférence des membres du Conseil de famille ne les fît trop facilement adhérer, à l'unanimité, à l'aliénation proposée par le tuteur, ou que la rivalité entre les parents de la ligne paternelle et les parents de la ligne maternelle n'empêchât, sans raison, l'unanimité des voix (art. 2).

La capacité du mineur émancipé dépendrait, d'après le projet de loi, de la cause de l'émancipation (art. 4). Sous l'empire du Code, tout mineur émancipé est libre d'aliéner ses meubles. La faculté d'en disposer lui appartient comme comprise dans les limites d'une large administration. Il n'est incapable que de recevoir le capital, prix de l'aliénation, et d'en donner décharge, sans l'assistance de son curateur. L'incapacité du mineur émancipé au cours de la tutelle serait étendue par la loi nouvelle au fait même de l'aliénation. Ce mineur devrait, pour la consentir valablement, se pourvoir toujours de l'autorisation du conseil de famille, poursuivre l'homologation de la délibération de celui-ci, dans les cas où un tuteur y serait astreint, et se faire assister de son curateur. Le mineur émancipé par le fait de son mariage ou par une autorisation de faire le commerce était, dans le projet de la commission de la Chambre des députés, soumis à la simple assistance de son curateur, mais dispensé de recourir à l'autorisation du Conseil de famille et à l'homologation de sa délibération. La Chambre, au contraire, laisserait le mineur commerçant sous l'empire de la législation du Code. Ce serait lui interdire l'exercice de tout commerce, que de ne pas lui laisser l'entière liberté de négocier des valeurs mobilières, même une lettre de change ou un billet à ordre.

Le système de protection, ne s'arrêterait pas à la seule aliénation des titres. La conversion des titres nominatifs en titres au porteur, qui, le plus souvent, n'est effectuée qu'en vue d'une aliénation prochaine, serait entourée des mêmes garanties (art. 10).

Toutes ces disposition seraient applicables aux valeurs mobilières appartenant aux interdits, aux mineurs et aliénés placés sous la tutelle, soit de l'administration de l'Assistance publique, soit des administrations hospitalières, le conseil de surveillance de l'administration de l'assistance publique, et les commissions administratives faisant fonctions de conseil de famille; elles seraient également applicables aux administrateurs provisoires des biens des aliénés nommés en exécution de la loi du 30 juin 1838 (art. 8).

Voilà en ce qui concerne la capacité des parties. Quelques questions se présentent aussi relativement à l'objet.

Le titre au porteur peut-il toujours faire l'objet d'une cession? Un titre remboursable par voie de tirage peut-il être cédé après son amortissement? La négative est préférable : l'acheteur a entendu devenir propriétaire d'une créance non échue et productive d'intérêts; son erreur est tombée sur la substance même de la chose : il n'y a pas eu de contrat possible (art. 1110).

Serait également nulle, pour un autre motif, la cession qu'un propriétaire de valeurs remboursables avec lot ferait de coupures au porteur, émises par lui, et donnant droit à une partie des chances attachées au titre principal. L'opération tombe, en effet, sous la prohibition de la loi du 21 mai 1836, sur les loteries, aux termes de laquelle, « sont réputées loteries, et interdites comme telles, toutes « opérations offertes au public pour faire naître l'espérance

« d'un gain qui serait acquis par la voie du sort. » (Art. 2.) L'acquisition de ces coupures donne bien l'espérance d'un gain dont la réalisation est confiée au sort, et les chances qui se présentent sous la forme de titres indéfiniment transmissibles de la main à la main sont certainement offertes au public. L'esprit de la loi s'oppose à ce qu'on argumente de l'autorisation donnée à l'émission du titre principal, pour faire bénéficier de la même faveur les coupures qui le représentent. Il y a dans cette division des chances un appât pour le public, d'autant plus dangereux qu'il peut les acquérir à des prix plus minimes. (Cass. 4 mai 1866, Dalloz, 66, I. 282.)

Il serait encore défendu de céder toutes les chances de lot attribuées à un titre, sans céder le titre lui-même avec les autres avantages qu'il comporte. Ce serait sortir des termes de l'autorisation donnée à l'émission de ce titre ; les chances de gain ne sont qu'un accessoire.

Mais, bien entendu, de pareilles offres, lorsqu'elles ne s'adressent pas au public, mais qu'elles sont consenties à une personne déterminée, sous forme d'un titre qui n'est pas au porteur, sont protégées par le principe général de la liberté des conventions. (Trib. Seine, 12 avril 1866. Dall. 66, 3, 111 ; Trib. Seine, 21 sept. 1871. Dall. 73, 3, 80.)

C'est une question controversée que celle de savoir si le retard apporté au retrait des titres par l'acheteur peut constituer une cause de résolution du contrat. Faut-il appliquer dans la vente de titres l'art. 1657 du Code civil? Ce texte est ainsi conçu : « En matière de vente de denrées et « d'effets mobiliers, la résolution de la vente aura lieu de « plein droit et sans sommation au profit du vendeur, après « l'expiration du terme convenu pour le retirement. » La disposition de cet article est de droit exceptionnel. En principe, lorsqu'aucune convention n'a réglé l'époque de l'enlèvement, le débiteur du corps certain doit sommer le créancier de l'enlever, et, si cette sommation reste sans effet, il peut demander à la justice l'autorisation de déposer l'objet dans quelqu'autre lieu (art. 1264); il peut encore, s'il y a lieu, obtenir des dommages intérêts (article 1147). Au surplus, il a le droit de poursuivre la résolution de la vente, en vertu de la condition résolutoire tacite (art. 1184).

La résolution de plein droit ne serait applicable aux titres dont la cession est commerciale que si cette résolution était, d'une manière générale, applicable en matière commerciale. Pour la négative, on soutient que la résolution de plein droit est contraire à la bonne foi qui préside aux relations des commerçants ; que si les règles du Code civil s'appliquent au droit commercial, quand elles ne sont pas contraires aux usages du commerce, il n'en saurait être de même des dispositions exceptionnelles, qui ne doivent pas être étendues. Au conseil d'État, ajoute-t-on, un membre ayant fait observer que la résolution de plein droit était contraire aux usages de commerce, Cambacérès déclara que le procès-verbal constaterait que l'article 1657 n'était pas applicable aux affaires commerciales. En fait, la résolution de plein droit est dangereuse pour les intérêts de l'acheteur et le punit trop sévèrement d'une simple négligence. Le résultat pratique de cette rigueur serait d'autoriser le vendeur à abuser de l'augmentation survenue dans le prix de la chose vendue pour se dire dégagé du contrat et la vendre ailleurs plus avantageusement.

L'opinion contraire semble cependant préférable. Le conseil d'État préparait les lois, il ne les faisait pas. Portalis, membre de ce conseil, en exposant les motifs du projet, ne tient aucun compte de l'observation qui s'est produite en sa présence. Les motifs qu'il donne s'appliquent presqu'exclusivement aux ventes commerciales. Après cette remarque, M. Laurent (*Principes de droit civil*, tome xxiv, n° 312 bis) ajoute : « L'observation faite au conseil d'État était inexacte; l'usage commercial était de rompre la vente, après un certain délai, quand l'acheteur ne retirait pas la marchandise; plusieurs coutumes en avaient une disposition expresse. » La jurisprudence est en ce sens. (Cass. 27 fév. 1828. Dall., *vente*, n° 1410; Rej., 6 juin 1848. Dall. 1848, 1, 219.) La Cour de Bruxelles, après s'être écartée de cette opinion (arrêt du 7 avril 1827), s'y est ralliée (arrêts des 2 janvier 1838; 24 décembre 1859; 27 janvier 1861).

Mais, si l'on admet que la résolution de plein droit s'étend à la vente commerciale, on ne peut point y soustraire les titres au porteur, véritables effets mobiliers, sous prétexte que, dans la rédaction de l'article 1657, le législateur n'a point eu en vue les valeurs mobilières. On objecterait alors inutilement que le prix des valeurs étant déterminé par le cours de la Bourse, le montant des dommages-intérêts dus par l'acheteur pour son retard sera facilement apprécié; et que la solvabilité de cet acheteur ôtera, dès lors, au vendeur tout intérêt à vendre ses titres à une autre personne, au moment où survient une élévation des cours. Les termes d'effets mobiliers dont se sont servis les rédacteurs de l'art. 1657 comprennent certainement les titres au porteur. Quant à la distinction de fait qu'on cherche à établir entre les titres au porteur et les autres effets mobiliers, elle est inadmissible et défectueuse : d'une part, toutes les valeurs mobilières ne sont pas cotées à la Bourse; et, d'autre part, la cote ne peut servir à fixer le préjudice qu'entraînerait pour l'acheteur la perte possible d'un gain aussi aléatoire que celui d'un lot.

Quant à l'obligation de garantie, qui résulte pour le vendeur de la cession, elle est réglée par le droit commun. Le cédant est garant de l'existence de la créance au jour du transport; il n'est pas responsable de l'insolvabilité future ou même présente du débiteur cédé.

SECTION III.

DE LA NÉGOCIATION DES TITRES AU PORTEUR, OU DE LEUR TRANSMISSION PAR UN INTERMÉDIAIRE.

§ I. — *De l'intervention nécessaire des agents de change dans la négociation des titres.*

Au lieu de traiter entre elles, directement et personnellement, de la cession du titre, les parties peuvent recourir à des intermédiaires qui opèrent pour leur compte. Les agents de change tiennent de la loi le monopole de la négociation de titres. L'article 76 du Code de commerce porte : « Les « agents de change, constitués de la manière prescrite par « la loi, ont seuls le droit de faire les négociations des « effets publics et autres susceptibles d'être cotés; de faire « pour le compte d'autrui les négociations de lettres de « change et de tous papiers commerçables, et d'en cons- « tater le cours. »

La création d'officiers spéciaux chargés de la vente des effets publics remonte à un édit de Charles IX, du mois de juin 1572 : ils étaient désignés sous le nom générique de *couratiers* de banque et de marchandises. Un arrêt du Conseil, rendu sous Henri IV, le 11 avril 1596, et revêtu des lettres patentes du roi, renouvela les dispositions de l'édit, et fit défense à toutes personnes de s'immiscer dans les fonctions de couratier. Sous le règne de Louis XIII, un nouvel arrêt, rendu le 2 avril 1639, distingua entre les divers couratiers, et donna le nom d'agents de change à ceux dont le ministère avait trait aux opérations de banque et de change. Un autre arrêt, rendu sous Louis XV, le 24 septembre 1724, portant création de la Bourse de Paris, réglementa les attributions spéciales des agents de change, dans son article 17, ainsi conçu : « Sa Majesté permet à « tous marchands, négociants, banquiers et autres qui « seront admis à la Bourse, de négocier entre eux les lettres « de change, billets au porteur ou à ordre, ainsi que les « marchandises, sans l'entremise des agents de change. A « l'égard de tous autres effets et papiers commerçables, « pour en détruire les ventes simulées qui en ont causé « jusqu'à présent le discrédit, ils ne pourront être négociés « que par l'entremise des agents de change.... » Sous Louis XVI, un arrêt du 26 novembre 1781, portant règlement de la discipline des agents de change, reconnait leur monopole, et le protège : « Fait Sa Majesté défense à toutes « personnes, autres que les agents de change, de s'immis- « cer dans les négociations d'effets royaux et papiers com- « merçables... à peine de 3,000 livres d'amende, et, en « cas de récidive, de punition corporelle. » (Art. 13.)

Les charges d'agent de change furent atteintes par la suppression générale des offices, prononcée par la loi des 2 et 17 mars 1791. En fait, cette profession subsista, en raison de l'incontestable utilité qu'elle présentait. Un décret du 21 avril suivant déclara loisible à toute personne d'exercer les fonctions d'agent de change, et facultatif pour les parties de recourir à son ministère. L'exercice de la profession demeurait soumis aux dispositions de l'ancienne législation, que confirma la loi des 27 et 29 juillet 1792, jusqu'à la fermeture de la Bourse, décrétée le 27 juin 1793.

L'institution des agents de change, rétablie par la loi du 28 vendémiaire an IV, fût réglementée par la loi du 28 ventôse an IX, qui autorisait le gouvernement à créer des Bourses de commerce dans les villes où il le jugerait à propos, et accordait aux agents de change le droit exclusif de constater dans ces villes le cours du change et celui des effets publics. Leur privilège fût confirmé par arrêté du 27 prairial an IX, sous la réserve du droit laissé aux particuliers de négocier entre eux et par eux-mêmes les lettres de change, billets à ordre ou au porteur et effets de commerce, garantis par leur endossement. Cet arrêté contenait, dans son article 6, défense à tout banquier et négociant de recourir à des intermédiaires sans qualité. sous peine de la nullité dont la loi du 28 ventôse an IX frappait les négociations faites en contravention de ses dispositions.

L'article 76 du Code de commerce ne fait que reconnaître un privilège ancien, et maintient implicitement la double sanction d'une peine pécuniaire et de la nullité des opérations faites en violation de ce monopole.

Il semble évident que notre article ne se refère qu'au cas où l'aliénation du titre a lieu du libre consentement du vendeur. Il faudrait soustraire à son application la vente faite en justice. Ainsi que le déclarait la Cour de cassation, dans un arrêt du 7 décembre 1853, il appartient, dans ce cas, aux tribunaux de désigner, suivant les circonstances, les officiers ministériels qui procéderont à la négociation, sous réserve de se conformer aux attributions spéciales à chacun d'eux. Faite par le ministère d'un agent de change, la vente des titres dépendant d'une succession bénéficiaire.

ou appartenant à des incapables, ne pourrait se plier aux formes prescrites pour la vente des biens de cette nature : enchères, affiches et publications. Un préjudice en résulterait même le plus souvent pour le vendeur ; par exemple, s'il s'agissait d'un titre qui, comme les obligations émises par certaines villes, n'ont leur plus grande valeur que dans le lieu de leur émission, et, si l'absence d'une Bourse locale ne permettait pas de les vendre sur place, le préjudice serait presque inévitable.

L'entremise d'un simple mandataire ne tombe pas sous la prohibition de l'article 76, s'il ne ne s'est pas mis à la disposition du public pour rapprocher l'offre de la demande dans la négociation qu'il a faite. Au contraire, le *coulissier*, sorte de courtier, dont la profession consiste à mettre le vendeur et l'acheteur en rapport, s'immisce dans les fonctions d'agent de change (Paris, 8 août 1851, et Cassation, 19 juin 1860), et peut être poursuivi comme intermédiaire illicite.

Se rendrait également coupable du même délit tout courtier, tout banquier qui ferait une négociation entre deux de ses clients, en portant au compte de l'un les titres que l'autre veut aliéner. Dans cette opération, connue à la Bourse sous le nom d'*application*, se rencontrent les faits constitutifs d'une entremise effective entre acheteur et vendeur, et l'offre de ses services faite au public. Il y aurait immixtion dans les fonctions d'agent de change.

Mais il n'y a pas, au contraire, négociation illicite dans le fait du banquier qui transmet à un agent de change un ordre de Bourse pour le compte de son client. Le banquier agit alors comme simple mandataire ; il n'y a pas, à proprement parler, de négociation, mais simplement un ordre de négociation. Le privilège des agents de change est respecté, et la transaction est protégée par les garanties dont la loi a voulu l'entourer. Cette commission donnée au banquier est parfaitement licite, et « on ne saurait tirer « aucune conséquence juridique, soit du mode ou du taux « de la rémunération que se fait attribuer D..., soit de « cette circonstance que, réunissant dans un seul borde- « reau les ordres par lui reçus chaque jour, il les trans- « mettrait, sans désignation des personnes qu'ils concer- « nent, à l'agent de change de Paris, qui les exécuterait « ensuite sous le nom de D... seul ; que ce qui est décisif « contre la plainte, c'est qu'il n'est point établi que le dé- « fendeur se livre personnellement à aucune négocia- « tion....., ni, enfin, qu'il sorte de son rôle d'intermédiaire « entre ses clients et l'agent de change opérant pour le « compte de ces derniers..... » Telle est la décision contenue dans un arrêt de la Cour de Rouen du 3 janvier 1868, confirmé par la Cour de cassation du 3 avril 1868.

L'immixtion des *changeurs* dans la négociation des titres est quotidienne, comme celle des *coulissiers*. Le décret des 21 et 27 mai 1791, relatif à l'organisation des monnaies, à la surveillance et à la vérification du travail de la fabrication des espèces d'or et d'argent ; la loi du 19 brumaire an VI, relative à la surveillance du titre et à la perception des droits de garantie des matières et ouvrages d'or et d'argent, fixent les attributions des changeurs, et leur confèrent le droit de faire les opérations de change, soit sur les monnaies, soit sur d'autres valeurs, et d'acheter et vendre les matières métalliques. Mais aucun texte ne les autorise à négocier les titres et à participer au privilège des agents de change.

La forme au porteur du titre, objet de la négociation, permet-elle au changeur d'éluder la prohibition? En principe, lorsqu'il s'agira d'un semblable titre, il faut répondre par la négative. Cependant, en fait, il sera souvent possible au changeur, comme à tout autre intermédiaire, de soutenir qu'il ne s'est pas entremis dans les rapports du vendeur et de l'acheteur, mais, qu'après avoir acheté le titre pour son propre compte, il l'a cédé par une vente distincte de la première à une autre personne.

§ II. — *Des obligations des agents de change dans la négociation des titres.*

Dans la négociation des titres, les agents de change doivent se conformer à certaines obligations. Quelques-unes des obligations auxquelles ils sont soumis sont mêmes antérieures à la négociation.

Lorsqu'une somme d'argent est remise pour faire un achat, ou lorsque des titres sont déposés en ses mains pour être négociés, l'agent de change est-il tenu d'en délivrer un récépissé à son client? Un arrêt du conseil, du 24 septembre 1724, punissait celui qui négligeait de le faire d'une amende de 3,000 livres et de destitution. La suppression générale des offices (loi des 2 et 17 mars 1791) et la liberté de l'exercice des fonctions d'agent de change (loi du 21 avril 1791) n'avaient pu faire tomber cette pénalité, puisque ces fonctions, subsistant en fait, étaient déclarées soumises à des règlements futurs, qui ne furent que les anciens règlements maintenus et confirmés par la loi des 27 et 29 juillet 1792. Mais la sanction aurait pris fin à la fermeture de la Bourse, décrétée le 27 juin 1793, et ne serait pas remise en vigueur par le rétablissement des agents de change, opéré par la loi du 28 vendémiaire an IV, et réglementé par la loi du 28 ventôse, an IX. Quoi qu'il en soit de la sanction pénale attachée à l'accomplissement de cette formalité, il ressort de la discussion de la loi du 2 juillet 1862, modificative des articles 74 et 75 du Code de commerce, que le rapporteur de la commission considérait la délivrance d'un récépissé comme une obligation de droit commun, indiquée par le bon sens, et qu'il regardait les agents de change comme tenus, même en l'absence de toute disposition spéciale, d'obtempérer au désir des clients qui exigeaient un récépissé. Le décret du 1er octobre 1862 rend cette obligation formelle et la renferme dans cette limite; mais le défaut de toute sanction pénale laisse, dans la pratique, au mauvais vouloir de l'agent de change la faculté, dont il use, de le refuser. Des inconvénients graves en résultent pour le client. Ainsi, lorsqu'il a chargé un tiers de déposer en son nom des fonds ou des titres, il perd un moyen de contrôler l'accomplissement du mandat qu'il a donné. Mais principalement au cas de la faillite ou du décès de l'agent de change, il se trouve dépourvu de tout moyen d'établir sa propriété sur les titres au porteur trouvés dans la caisse de celui-ci.

Le dépôt, aux mains des agents de change, des fonds qui doivent être le prix d'un achat, ou des titres qui doivent être vendus, est exigé avant toute négociation. « Chaque « agent de change, dit l'article 13 de l'arrêté du 27 prai- « rial an X, devant avoir reçu de ses clients les effets « qu'il vend ou les sommes nécessaires pour payer ceux « qu'il achète, est responsable de la livraison et du paie- « ment de ce qu'il aura vendu ou acheté : son cautionne- « ment sera affecté à cette garantie et sera saisissable en « cas de non-consommation dans l'intervalle d'une bourse « à l'autre, sauf le délai nécessaire au transfert des ven- « tes, etc... » Le but de cette prescription est d'empêcher les négociations fictives, dans lesquelles aucuns titres ne sont transmis, et qui se résolvent dans le paiement d'une somme équivalant à la différence de celles que les parties se sont respectivement dues avant la liquidation d'une série d'opérations. Les agents de change sont dans l'habitude de méconnaître la disposition de notre article, et n'exigent de leur client que la remise d'une *couverture* suffisante pour payer les différences. La couverture n'est pas toujours fournie en espèces, mais indifféremment en valeurs au porteur, dont la réalisation procurerait, le cas échéant, les fonds nécessaires à un paiement. L'absence de dépôt, on l'a remarqué, ne porte pas atteinte à la validité de la négociation ; elle engage simplement la responsabilité de l'agent de change que la couverture doit mettre à l'abri.

Mais d'abord comment cet intermédiaire peut-il être responsable du paiement du prix ou de la livraison des titres? L'article 85 du Code de commerce va jusqu'à lui défendre de payer pour le compte de son commettant ; et l'article 86, de se porter garant de l'exécution des marchés dans lesquels il s'entremet. La portée réelle des deux articles n'est point celle qui apparaît au premier abord. L'article 85 a pour but d'empêcher les agents de change de faire au client l'avance du prix, mais non de payer en son nom, et ne s'oppose pas à leur responsabilité. L'article 86 leur défend de mettre leur aval sur une lettre de change, comme l'article 10 de l'arrêté de prairial leur en laissait la faculté.

Il reste la question de savoir s'il est permis à l'agent de change de réaliser les titres donnés en couverture. Je me place pour le moment dans l'hypothèse d'une vente sérieuse et licite, me réservant de rechercher la validité de la couverture dans les jeux de Bourse, lorsque je traiterai des modalités de la vente sous lesquelles il se dissimule. Or, il me paraît certain qu'une vente valable peut être la cause licite d'un mandat que le client donne tacitement à l'agent de change pour la conversion des titres en argent.

Je n'ai point à examiner la négociation elle-même. L'intervention de l'agent de change qui contracte pour le compte de son client, dont il doit cependant ne pas divulguer le nom, n'empêche pas la vente de rester soumise aux conditions de consentement, de capacité, de cause et d'objet qui sont requises d'une vente faite directement entre parties.

La preuve de la négociation doit se faire conformément à l'art. 109 du Code de commerce, et notamment par un bordereau de l'agent de change, signé des parties. Ce bordereau n'établira, bien entendu, la propriété qu'à l'égard du vendeur. Le tiers qui se trouverait en possession du titre pourrait, s'il réunissait les autres conditions voulues, se mettre sous la protection de la maxime : « En fait de meubles, la possession vaut titre. » Contre tout propriétaire antérieur à la négociation, il prouverait la purge du vice qui résulterait pour le titre d'un vol ou d'une perte, et pendant les trois années accordées à la revendication du propriétaire d'un meuble perdu ou volé, l'acheteur ne pourrait être évincé qu'après avoir été indemnisé de son acquisition (art. 2280). — Dans la pratique ordinaire, la signature de l'agent de change figure seule dans le bordereau.

Le Code ne détermine pas les mentions que doit porter le bordereau. Pour atteindre son but et servir d'acte de propriété, il devrait, outre le nom des parties, indiquer la date et la nature de l'opération, ainsi que les titres négociés. Les agents de change se contentaient volontiers de mentionner la nature des titres sans les désigner par leurs numéros d'ordre ; ils échappaient ainsi à la responsabilité de la négociation d'un titre perdu ou volé, l'identité du titre ne pouvant être établie. La loi des 15 juin-5 juillet 1872 a mis fin à cet état de choses. Les agents de change, dit l'art. 13 de cette loi, « mentionneront sur les bordereaux d'achat les numéros livrés ». Cette mention donne droit à l'agent de change de percevoir une rétribution de 5 centimes par titre (art. 11 du règl. d'adm. publ. des 10-11 avril 1873).

§ III. — *Des modalités de la négociation des titres.*

La négociation des titres peut, comme la vente faite sans intermédiaire, être au comptant ou à terme. En principe, le marché à terme, fréquent dans la spéculation commerciale, est licite. Il peut cependant constituer un jeu de Bourse, et, comme tel, être dépourvu de toute sanction légale. Le caractère des négociations prohibées a été fixé, sous Louis XVI, par un arrêt du Conseil, du 7 août 1785, qui, renouvelant les prohibitions d'édits antérieurs, déclare : « Nuls les marchés et compromis d'effets royaux, et autres « quelconques qui se feraient à terme et sans livraison « d'effets, ou sans le dépôt réel d'iceux, constaté par un « acte dûment contrôlé au moment même de la signature « de l'engagement. » Les motifs de la prohibition sont indiqués dans le préambule de cet arrêt : « Le Roi est in- « formé que depuis quelque temps il s'est introduit dans « la capitale un genre de marchés ou de compromis aussi « dangereux pour les vendeurs que pour les acheteurs, « par lesquels l'un s'engage à fournir, à des termes éloi- « gnés, des effets qu'il n'a pas, et l'autre se soumet à les « payer sans avoir les fonds, avec réserve de pouvoir exi- « ger la livraison avant l'échéance, moyennant l'escompte; « que ces engagements qui, dépourvus de cause et de « réalité, n'ont, suivant la loi, aucune valeur, occasionnent « une infinité de manœuvres insidieuses, tendant à déna-

« turer momentanément le cours des effets publics, à donner aux uns une valeur exagérée, et à faire des autres un emploi capable de les décrier; qu'il en résulte un agiotage désordonné qui met au hasard les fortunes de ceux qui ont l'imprudence de s'y livrer, détourne les capitaux des placements plus solides et plus favorables à l'industrie nationale, excite la cupidité à poursuivre des gains immodérés et suspects, substitue un trafic illicite aux négociations permises, et pourrait compromettre le crédit dont la place de Paris jouit, à si juste titre, dans le reste de l'Europe. »

La prescription d'un dépôt réel des titres à négocier fut impuissante à réprimer l'agiotage; ce dépôt n'empêchait pas les opérations fictives. Un nouvel arrêt du Conseil, rendu le 22 septembre 1786, restreignit dans certaines limites la durée du terme dont on pouvait affecter la vente. Il prohiba, sous peine de nullité, les marchés d'effets royaux et autres effets publics ayant cours à la Bourse, toutes les fois que le terme fixé pour la livraison des titres même déposés réellement ne serait pas compris dans les deux mois qui suivraient la négociation. L'agiotage ne fut néanmoins interrompu que par la fermeture de la Bourse, en 1793. Il recommença, lorsque l'art. 4 du décret du 6 floréal an III eut déclaré que : « Tous les lieux connus sous le nom de Bourses, où se tenaient les assemblées pour la banque, le commerce et le change, seront ouverts. »

Tout individu, convaincu de n'avoir pas été, au moment du contrat, propriétaire des titres vendus, fut déclaré justiciable des tribunaux criminels, comme agioteur. Le décret du 13 fructidor an III, portant cette disposition, renouvelait, en outre, les prohibitions antérieures.

La loi du 28 vendémiaire an IV, sur la police de la

Bourse, sévit plus énergiquement encore contre l'agiotage. Toute négociation à terme ou à prime de lettres de change sur l'étranger est défendue par l'art. 3 de son chap. II. L'art. 4 porte : « Attendu que les marchés à terme ou à « prime ont déjà été interdits par de précédentes lois, tous « ceux contractés antérieurement au présent décret sont « annulés, et il est défendu d'y donner aucune suite, sous « les peines portées par la loi du 13 fructidor an III, « contre les agioteurs. »

Le Code de commerce ne prohibe pas le marché à terme. Il en résulte que la loi du 28 vendémiaire an IV, qui portait atteinte à la liberté des transactions commerciales, n'est plus applicable sous son empire. Cependant l'article 1965 du Code civil, en déclarant que « la loi n'accorde « aucune action pour une dette de jeu, ou pour le paiement « d'un pari », prohibe certains marchés à terme, destinés à n'aboutir qu'au paiement d'une somme représentant la différence entre deux cours. Mais c'est en tant que fictives et simulées, et non pour avoir violé l'une des dispositions arbitraires de la législation antérieure, que ces ventes sont illicites et nulles. La détermination du caractère d'une telle vente est une pure question de fait, aujourd'hui laissée à la souveraine appréciation des tribunaux qui rechercheront, dans les circonstances de la négociation, l'intention des contractants. Le défaut du dépôt réel exigé par l'arrêt du Conseil de 1785, un terme de plus de deux mois fixé pour la livraison des titres, contrairement à l'arrêt de 1786, même le défaut de propriété du vendeur, qui constituait un cas de nullité sous l'empire de la loi du 13 fructidor an III, ne seraient plus aujourd'hui des faits absolument concluants. Je ferai remarquer, en passant, que l'article 13 de la loi des 15 juin-5 juillet 1872 n'interdit pas la vente de titres pris *in genere*. Le texte est ainsi conçu : « Les agents de change doivent inscrire sur leurs « livres les numéros des titres qu'ils achètent ou qu'ils « vendent. — Ils mentionneront sur les bordereaux d'a- « chat les numéros livrés... » Cet article n'édicte ni sanction pénale, ni nullité ; l'obligation des agents de change à établir l'individualité des titres négociés n'engage que leur responsabilité, et n'a pour but que de faciliter la constatation de l'identité des titres perdus ou volés dont s'occupe cette loi spéciale.

Le marché qui constitue un jeu de Bourse est dépourvu d'action ; le défendeur, en opposant la nullité du contrat, conformément à l'article 1965, repoussera l'action de son adversaire. Il n'est pas moins certain que, dans les contestations qui lui sont soumises, à raison de négociations de Bourse, le juge doit, alors même que l'exception de jeu n'est pas invoquée, restituer à l'opération son véritable caractère, et déclarer d'office la demande non recevable. Toutefois cette nullité, quoique absolue et fondée sur le caractère illicite de la cause (art. 1131 C. civ.), est néanmoins susceptible d'être couverte. En d'autres termes, l'obligation naturelle qu'elle laisse subsister fait obstacle à la répétition du paiement volontairement effectué.

La remise d'une couverture aux mains de l'agent de change est-elle un paiement volontaire, et partant valable ? Dans une première opinion, il faut rechercher l'intention du client. A-t-il voulu que la couverture fût appliquée au paiement des différences? ou a-t-il entendu seulement mettre à couvert la responsabilité de l'intermédiaire ? Dans le 1er cas, l'opération serait valable ; dans le 2e, elle serait nulle. Cette distinction doit être rejetée : la preuve d'intention me paraît pratiquement impossible. N'y aura-t-il pas toujours présomption que le dépôt a été fait pour parer à toutes les éventualités de la négociation ; et, d'ailleurs, couvrir la responsabilité de l'agent de change, n'est-ce pas consentir au paiement dont il serait responsable?

D'après un arrêt de la Cour de Paris, du 11 mars 1851, la couverture fournie en espèces équivaudrait toujours à un paiement volontaire; mais il serait impossible de considérer comme un paiement anticipé la remise d'une couverture composée de titres. Cette couverture ne serait qu'une garantie; pour devenir un paiement, il faudrait une nouvelle intervention de la volonté du client, après réalisation. La solution me semble inexacte. La distinction entre les deux genres de couverture est défectueuse, puisqu'on ne peut admettre une garantie qui n'aurait pas pour objet le paiement de la dette. Enfin, la couverture fournie en espèces, et, par conséquent, celle aussi qui se compose de titres, ne peut valoir comme paiement volontaire.

Cette dernière doctrine est celle d'un autre arrêt de la Cour de Paris, rendu le 29 novembre 1858, sur les conclusions de M. l'avocat-général Barbier, qui disait : « On ne « comprend pas qu'il y ait paiement, lorsqu'il est encore « incertain s'il y aura à payer ». Il semble, en effet, que le texte de l'article 1376 du Code civil ne permette que la répétition de ce qui n'est pas actuellement dû, et qu'une dette conditionnelle ne puisse motiver la validité d'un paiement. Un arrêt de la Cour de Bordeaux confirme cette opinion. L'un de ses considérants interprète les raisons dont le législateur a dû s'inspirer : «.... Si le perdant ne peut « répéter ce qu'il a volontairement payé, c'est lorsque le « paiement vient après la perte, et que, pouvant en mesu« rer l'étendue, il exécute librement une obligation nulle « dans son principe ». Ainsi, la seule remise d'une couverture, en l'absence de toute manifestation de volonté de la part du client, après l'accomplissement de la négociation illicite, ne constitue pas un paiement volontaire et valable.

De la faculté laissée au client de répéter entre les mains de l'autre partie les sommes provenant de la couverture, il résulte que l'agent de change doit, en définitive, supporter la responsabilité de la vente simulée.

Il ne serait pas non plus recevable à demander le remboursement des avances qu'il aurait faites en l'absence d'une couverture. L'article 86 du Code de commerce s'oppose à ce qu'il paye pour le compte de ses commettants. De même, le tiers qui aurait fourni la couverture serait sans action contre son emprunteur. L'obligation souscrite par celui-ci est frappée de nullité en raison de sa cause illicite. C'est le cas d'appliquer l'article 138 de l'ordonnance de 1629 : « Défendons à toutes personnes de prêter argent, « pierreries ou autres meubles pour jouer, ni répondre pour « ceux qui jouent, à peine de la perte de leurs dettes et « nullité des obligations,..... comme séducteurs et corrup- « teurs de la jeunesse, et cause des maux innumérables « que l'on en voit provenir chaque jour ». Mais, bien entendu, cette disposition ne s'appliquerait plus si le prêt était postérieur à la dette de jeu, puisqu'alors elle aurait pour but licite un paiement valable.

On dit du marché à terme qu'il est *ferme*, lorsque son existence n'est soumise à aucune condition, et que l'échéance doit amener nécessairement, d'un côté la livraison des titres, de l'autre le paiement du prix. Il touche de plus près à l'agiotage, quand il est à *prime*.

Le marché à prime constitue une sorte de vente à réméré, dans laquelle la faculté de revenir sur le contrat est réservée, non au vendeur, mais à l'acheteur. Cette faveur lui est accordée moyennant l'abandon, à titre de prime ou de dédit, de la somme qu'il a payée comptant.

Il est dans l'usage de la Bourse de Paris de permettre à l'acheteur de prendre livraison des valeurs avant l'échéance du terme. Cette exécution anticipée reçoit le nom d'*escompte* : elle n'est consentie que contre le paiement du prix. Un règlement des agents de change, approuvé par le ministre des finances, autorise et consacre cette pratique.

Il existe, sous le nom de *report*, une opération qui se compose d'une vente au comptant, suivie d'une revente immédiate, mais à terme. Une personne achète au comptant une certaine quantité de rentes, et les revend de suite à terme. Le but du spéculateur est de réaliser un bénéfice résultant de la supériorité du prix de la revente sur celui de l'achat, différence qui se traduit dans le cours au comptant et le cours à terme, et qui provient de ce qu'en marchant vers l'échéance de son coupon la rente se grossit jour par jour de l'intérêt du semestre. D'un autre côté, le vendeur a la jouissance du prix dans l'intervalle qui sépare la première vente du terme de la seconde ; la prime ou l'augmentation du prix qu'il devra restituer représente l'intérêt de la somme dont il aura eu la jouissance, et forme le report.

L'opération, lorsqu'elle est sérieuse, que la propriété des titres a été transférée et le prix payé, est une sorte de placement sur nantissement. Elle est, au contraire, fictive, et doit être déclarée illicite et nulle, si tout son intérêt consiste dans le paiement de la prime. Encore faudrait-il reconnaître la validité d'une négociation qui n'aurait pas abouti à une transmission de titres et à un paiement de prix, si des circonstances résultait l'intention manifeste des parties de faire une opération réelle qu'elles n'ont pu accomplir.

CHAPITRE II

TRANSMISSION A AUTRE TITRE QU'A TITRE DE PROPRIÉTÉ.

SECTION PREMIÈRE

DE LA CONSTITUTION D'UN DROIT D'USUFRUIT SUR LES TITRES AU PORTEUR.

L'usufruit peut être établi sur toute espèce de biens, meubles ou immeubles (art. 581 C. civil). Les meubles incorporels, tels que les créances, ne font pas exception au principe. Et spécialement, la forme du titre au porteur n'empêche pas l'usufruitier de jouir de la créance qu'il constate.

L'usufruit peut être constitué, soit par la volonté de l'homme, soit en vertu de la loi. Il est établi purement et simplement, ou à terme, ou sous condition. L'usufruitier est tenu de faire inventaire et de donner caution, d'après les conditions ordinaires. En un mot, il faut appliquer, en notre matière, les règles de droit commun.

Mais la nature d'un pareil usufruit est discutée. Est-il un usufruit proprement dit, ou seulement un quasi-usufruit? L'intention des parties crée la fongibilité des objets, en permettant à celui qui les reçoit d'en avoir la propriété, et de se libérer de son obligation de restitution par la remise d'autres objets semblables. En l'absence de toute manifestation de volonté, il faut recourir à des présomptions qui se tirent de la nature des choses. Si l'usage normal de l'objet soumis à l'usufruit, l'usage qu'en eût régulièrement fait le propriétaire, sur lequel l'usufruitier doit prendre modèle, implique ou nécessite sa consommation, sa destruction ou son aliénation, l'objet est réputé fongible ; la propriété en est transférée au quasi-usufruitier. Mais le quasi-usufruit n'est qu'une exception. La règle générale, c'est que l'usufruitier, bien que jouissant de la chose comme le propriétaire, n'en jouisse néanmoins qu'à charge d'en conserver la substance. Cette règle devra recevoir son application toutes les fois qu'il sera possible de jouir de la chose sans en disposer. L'obligation du débiteur doit s'interpréter restrictivement, et le constituant ne peut être présumé avoir voulu accorder à l'usufruitier plus qu'il n'était strictement nécessaire. Si l'on applique ces principes aux titres au porteur, il faudra décider que l'usufruitier peut en jouir par la perception des intérêts et dividendes qui y sont afférents et qui constituent des fruits civils. Il n'est pas besoin de lui reconnaître des droits plus considérables et de lui concéder la propriété et la disposition des titres.

On a cependant prétendu que la fongibilité des titres ressortait de la facilité de leur transmission, de la cessibilité qui leur est naturelle. Qu'importe cette cessibilité, si une jouissance, plus conforme aux règles générales de l'usufruit, peut se tirer de leur simple possession ? Est-ce que tous les meubles qui ne se consomment pas *primo usu* ne font pas l'objet d'un véritable usufruit ? Cependant ils sont transmissibles, d'après les mêmes principes que le titre au porteur, et se placent, comme lui, sous la protection de l'art. 2279. On assimile le titre à une monnaie, en avertissant de ne pas prendre en considération le numéro d'ordre qui lui imprime un cachet d'individualité ; le nu-propriétaire n'aurait aucun intérêt, dit-on, à recevoir à la fin de l'usufruit tel titre plutôt que tel autre, dans l'ignorance où il est du numéro qu'il plaira au sort de favoriser d'un remboursement avec prime ou avec lot. Mais, au cours de l'usufruit, est-il indifférent au nu-propriétaire de conserver la propriété des titres? Que l'un d'eux vienne à être remboursé : le quasi-usufruitier bénéficiera donc de la prime ou du lot acquis à l'occasion d'un titre qui m'appartient, et ne sera tenu, à l'extinction de l'usufruit, que de me restituer un titre semblable. Si l'on admet, au contraire, mon opinion, dans cette hypothèse de remboursement l'usufruitier n'aura pas même la jouissance de la prime ou du lot, qui ne peuvent être considérés comme soumis à l'usufruit. Ce n'est pas, en effet, un accroissement normal du capital, c'est un gain inespéré, un *donum fortunæ*, assez analogue au trésor, et dont le propriétaire doit seul et immédiatement profiter.

Quelle protection est accordée au nu-propriétaire contre l'insolvabilité de l'usufruitier, au cas où celui-ci n'a pas trouvé de caution? Il pourrait faire ordonner par la justice la remise des titres aux mains d'un séquestre, puisque la possession en est litigieuse (art. 1961). Le dépôt serait fait, soit à la Banque de France, à qui ses statuts permettent la garde des titres, soit à la Caisse des dépôts et consignations, soit même chez un notaire. Le propriétaire aurait encore la ressource de mettre obstacle à la cession des titres par une opposition pratiquée dans les termes de la loi des 15 juin-5 juillet 1872. Quant au capital remboursé, il peut en faire ordonner le placement, comme de toute somme comprise dans l'usufruit, conformément à l'article 602.

Quels seraient les droits et les devoirs respectifs du propriétaire et de l'usufruitier, au cas où les titres ne seraient pas encore libérés au moment où ils deviennent l'objet d'un usufruit? Le nu-propriétaire n'est tenu qu'à laisser la jouissance des titres à l'usufruitier ; il n'est obligé à aucun fait personnel, et n'a pas à assurer leur libération. Mais si l'usufruitier fait, de ses deniers particuliers, le versement des sommes qui restent dues, quelle sera sa position au moment de la cessation de l'usufruit? Un quasi-usufruitier, au lieu de restituer des titres semblables, préférerait payer leur estimation qui ressortirait du cours de la Bourse : il retiendrait sur le prix ainsi déterminé une somme proportionnelle à celle qu'il aurait déboursée pour la libération du titre. Il semble qu'un usufruitier n'ait, au contraire, aucun dédommagement à attendre pour la somme versée par lui ; on peut dire qu'il a fait une amélioration dont il ne doit pas lui être tenu compte (art 599); d'ailleurs le nu-propriétaire, en ne lui donnant aucune indemnité, ne s'enrichit pas à ses dépens : l'usufruitier n'a payé qu'en vue de se procurer certains avantages qui ne lui étaient pas dus et qu'il a retirés du titre libéré.

Les autres questions qui peuvent s'élever à l'occasion de la restitution tombent sous une application trop manifeste des règles ordinaires de l'usufruit pour qu'il y ait lieu d'en parler. L'usufruitier n'est pas tenu des dépréciations que subissent les valeurs. Leur perte ou le vol qui en est fait ne l'obligent que s'il s'est rendu coupable d'un dol ou d'une faute. En résumé on se bornera, pour le surplus, à appliquer ici les principes généraux qui régissent la matière de l'usufruit.

SECTION II

DE LA TRANSMISSION DES VALEURS AU PORTEUR A TITRE DE PRÊT.

Les titres au porteur peuvent être l'objet des deux sortes de prêts mentionnés dans l'article 1874 du Code civil. Le *prêt à usage* sera d'une utilité restreinte : l'emprunteur tirera peu d'avantages de la possession de valeurs dont la propriété réside sur une autre tête. Peut-être a-t-il emprunté seulement *ad pompam et ostentationem;* peut-être n'a-t-il eu d'autre but que de faire étalage et faire croire à une fortune imaginaire. Peut-être encore les constituera-t-il en gage entre les mains d'un tiers qui lui fera un prêt d'argent sur cette garantie. Nous retrouverons cette dernière hypothèse dans l'étude du gage. La jouissance des intérêts et dividendes afférents aux titres restera, bien entendu, au prêteur, soit qu'il ait donné mandat de les toucher à l'emprunteur, lequel en devra compte, soit qu'il se soit réservé de les toucher lui-même. C'est à cette condition qu'il n'y aura qu'un simple prêt à usage. La faculté laissée à l'emprunteur de conserver les intérêts et dividendes constituerait un second prêt distinct du premier. Mais, si l'emprunteur s'était obligé à remettre au prêteur une somme supérieure au montant des intérêts et dividendes, l'opération serait une location de titres.

En l'absence de toute stipulation particulière, comme au cas où les parties auront manifesté leur intention à cet égard, le prêt des titres constituera un prêt de consommation. C'est en obtenant la propriété des titres qui lui sont remis, pour en restituer d'autres de même nature, que le contrat de prêt offrira à l'emprunteur les avantages qu'on cherche d'ordinaire dans un prêt de consommation, s'appliquant à des choses éminemment fongibles. (Cour de Paris, 29 juin 1868.)

Comme toute chose mobilière, le titre est susceptible d'un prêt à intérêt (art 1905), et la seule difficulté est de fixer le taux auquel il est permis de stipuler les intérêts.

La loi du 3 septembre 1807, en fixant l'intérêt légal au taux de 5 ou 6 0/0, suivant qu'il s'agit d'un prêt civil ou d'un prêt commercial, semble bien n'avoir visé que le prêt d'une somme d'argent. Elle reste donc étrangère au prêt de tout autre objet. Il était possible à la loi de présumer qu'en général une somme d'argent n'aurait pas rapporté à son propriétaire un intérêt supérieur à ce taux, tandis que le titre prêté peut manifestement porter un plus gros intérêt, au cas, par exemple, où il s'agit d'actions dont le dividende est très-élevé. En second lieu, la valeur des objets prêtés est essentiellement variable : au cours du prêt, elle peut augmenter d'une façon importante ; les parties ont le droit de considérer que le montant réel du prêt n'est pas la valeur du titre au moment du contrat, et de stipuler un intérêt dont le taux soit en rapport avec les variations probables des cours. Par suite, il peut être stipulé un taux supérieur à celui que fixe la loi du 3 septembre 1807 pour le prêt d'argent, supérieur même à celui que porte le titre. (Cass. 8 mars 1865. Dall. 65. 1. 288. Aix, 26 juillet 1871. Dall. 73. 2. 86.)

Le prêteur, en se dépouillant de la propriété du titre, a déjà perdu les chances d'une aliénation avantageuse, dont l'occasion peut se présenter au cours du prêt : il doit, en outre, craindre qu'au jour de la restitution du titre les cours ne soient inférieurs à ceux du moment où le prêt a été consenti. Peut-il parer à ce dernier inconvénient, en se réservant la faculté d'opter, à l'époque du remboursement, entre la restitution des titres et le paiement d'une somme d'argent, qui, d'ordinaire, sera la valeur du titre à ce dernier moment? Le prêt, dans ce cas, n'est que conditionnel et subordonné à la persistance de la volonté du prêteur; ou, plus exactement, la propriété des titres a été transférée, sans que la nature du contrat ait été déterminée par les parties, qui réservaient à l'une d'elles la faculté de la déterminer ultérieurement. En sorte que l'emprunteur se trouve tenu de deux obligations alternatives de nature différente : l'une, naissant d'une vente et consistant dans le paiement d'un prix; l'autre, résultant d'un prêt et consistant dans une restitution de titres semblables. L'obligation alternative est prévue par les articles 1189 et suivants du Code civil, sans que le texte distingue si les deux obligations résultent d'un même contrat, ou de deux contrats distincts et différents par leur nature. L'opération, d'autre part, est sérieuse ; elle transfère à l'emprunteur la propriété des titres, lui confère le droit d'en disposer, et ne peut être prohibée comme jeu de Bourse. Donc elle est valable.

De ce que dans le prêt de consommation l'emprunteur est investi de la propriété du titre prêté, il suit qu'à la différence du cas où le prêt ne permet qu'un simple usage, le prêteur n'a aucun droit à prétendre aux bénéfices attachés au titre. Le nouveau propriétaire profitera du remboursement du titre, soit avec prime, soit même avec lot. Une convention spéciale peut empêcher ce résultat, et créer pour l'emprunteur une obligation personnelle de communiquer à l'autre partie le bénéfice des primes et des lots échus à l'occasion de titre prêté. Un autre procédé s'offre au prêteur pour aboutir au même résultat : il peut, en consentant le prêt, ne livrer les titres qu'en dépôt, et reculer le transfert de la propriété jusqu'à l'instant où l'emprunteur disposerait des titres.

Le prêt peut être constitué sous forme de compte courant. Il arrive souvent qu'un banquier reçoit un prêt portant sur des titres destinés à entrer dans le compte courant en balance avec les sommes que lui-même a prêtées à son client. Le banquier a, dans ce cas, la propriété et la disposition des titres. En cas de faillite, le prêteur revendiquerait inutilement des titres qui sont devenus la propriété de son débiteur et le gage commun des créanciers. Une présomption de propriété s'élevera toujours en faveur de celui qui détient les titres; jusqu'à preuve contraire, il sera considéré non comme dépositaire, mais comme emprunteur. Et ce serait à celui qui intente la revendication de prouver que les valeurs ont été remises non point à titre de prêt, mais à titre de dépôt.

SECTION III

DU DÉPÔT PORTANT SUR DES TITRES AU PORTEUR.

Il ne suffira pas au propriétaire, pour triompher dans sa revendication, de prouver qu'il a fait un dépôt, et non un prêt; il lui faudra encore établir l'identité entre les titres trouvés dans la caisse du dépositaire et ceux qu'il a déposés. Cette dernière preuve sera faite si le récépissé des titres contient la mention des numéros d'ordre qui marquent leur individualité. Il est difficile, au contraire, d'établir l'existence d'un dépôt si le récépissé ne mentionne pas à quel titre les valeurs ont été reçues, et non moins difficile d'établir leur identité, s'il constate leur nombre et leur nature, sans indiquer les numéros d'ordre. Les présomptions que fournissent les faits suppléent mal à cette absence de preuve directe. Un procès demeuré célèbre l'a démontré :

La Caisse générale des chemins de fer, fondée par M. Mirès, recevait des titres, et les portait en compte courant en compensation des avances d'argent faites par la Caisse aux déposants. Lorsque ceux-ci poursuivirent les gérants de la Caisse en restitution de leurs titres, ils prétendirent n'avoir consenti qu'un dépôt à titre de garantie des sommes qui leur étaient prêtées. Ils justifiaient leur prétention en alléguant le but des opérations de la Caisse, qui était de prêter sur titres, l'intention de Mirès de se comporter en dépositaire, puisqu'il portait à leur compte le montant des coupons, comme s'ils avaient continué à être propriétaires des titres. On pouvait invoquer, en sens contraire, l'insuffisance des récépissés acceptés par les revendiquants. En ne mentionnant que le nombre et la nature des titres, ils laissaient supposer un prêt; mais, en admettant que le dépôt fût établi par les autres circonstances, il restait impossible de prouver l'identité de titres trouvés en caisse et de ceux qui auraient été déposés. Un dernier fait était diversement interprété de part et d'autre. M. Mirès avait vendu les titres. Cet acte de disposition qui, pris isolément, manifestait l'intention de se comporter en propriétaire de titres empruntés, pouvait passer pour un acte de gestion d'affaires, si l'on considérait que Mirès avait réalisé les titres pour éviter aux déposants les pertes que leur aurait infligées la baisse qui se produisait dans les cours de la Bourse par suite de la guerre déclarée à l'Italie; que son intention de ne pas agir en qualité de propriétaire était manifestée par l'avis envoyé à ses clients de l'opération qu'il avait faite pour leur compte. La Cour de Paris avait, le 29 août 1861, repoussé l'idée d'un prêt, invoquée par les gérants de la Caisse. L'arrêt ayant été cassé pour un motif étranger à cette interprétation des conventions, la Cour de Douai admit leur prétention dans un arrêt du 21 avril 1862, qui, sur le pourvoi du garde des sceaux dans l'intérêt de la loi, fut cassé par la Cour suprême dans un arrêt rendu le 28 juin 1862.

Dans l'espèce que je viens d'exposer, le dépôt affecte un caractère de gage, et revêt la forme d'un prêt, en se produisant dans un compte courant. Il se présente néanmoins très fréquemment sous la forme propre au contrat de dépôt. « Tantôt, dit M. de Folleville, c'est un propriétaire que les « nombreux dangers de perte, de vol, ou de destruction « effraient, et qui est heureux de pouvoir les éviter, en « mettant en lieu sûr, chez les personnes ou dans les éta- « blissements qui ont sa confiance, des titres aussi fragiles ; « tantôt les titres sont déposés dans le but de les faire « vendre, ou d'obtenir un titre nouveau, si les coupons des « premiers titres sont épuisés : ou bien il s'agit encore d'ob- « tenir une carte d'admission aux assemblées générales des « Compagnies, carte délivrée à ceux-là seuls qui justifient « de leur qualité d'actionnaires. Le dépôt pourrait égale- « ment avoir lieu volontairement, ou judiciairement, dans « le cas de contestations entre personnes qui se prétendent « chacune propriétaire » (art. 1961).

Qu'il soit contractuel ou judiciaire, le dépôt est soumis aux règles de droit commun qui régissent la matière.

SECTION IV

DU GAGE PORTANT SUR DES TITRES AU PORTEUR.

Les valeurs au porteur peuvent être l'objet d'un contrat de gage. Les Sociétés comme les simples particuliers trouvent, dans la remise qui leur est faite de titres au porteur, la garantie des sommes prêtées. La Banque de France elle-même est autorisée par des ordonnances et des décrets à prêter sur dépôt, à titre de gage, des valeurs et effets publics de toutes sortes. La loi du 17 mai 1834 l'autorisait à faire des avances sur les effets publics. Après la création des voies ferrées, le décret du 3 mars 1852 comprit nommément, dans l'autorisation, les actions et obligations de chemins de fer. Les obligations de la ville de Paris furent l'objet du décret du 28 mars 1852, et les obligations du Crédit foncier de la loi du 9 juin 1857 (art. 7), et du décret du 20 juillet 1857 (art. 9).

L'ordonnance du 15 juin 1834, qui règle le mode d'exécution de l'art. 3 de la loi du 17 mai 1834, permet au conseil général de la Banque de France de fixer, dans la première réunion de chaque semaine, le montant des avances qu'elle fera sur titres (art. 1). Les avances qui ne peuvent être que des 4/5 (art. 2) sont en pratique abaissées aux 2/3 de la valeur des titres. Le remboursement doit être effectué au plus tard dans les trois mois (art. 3); mais, en fait, la Banque n'accorde jamais qu'un délai de deux mois, quitte à le renouveler. Le débiteur s'engage à couvrir la banque du montant de la baisse qui pourrait survenir dans le cours des effets par lui remis, toutes les fois que cette baisse atteindra 10 0/0 (art. 4). La Banque a le droit de faire vendre les titres à la Bourse : 1° à défaut de couverture, trois jours après une simple mise en demeure par acte extra-judiciaire, 2° à défaut de remboursement, dès le lendemain de l'échéance, sans qu'il soit besoin de mise en demeure, ni d'aucune autre formalité.

Cette législation était particulière au gage consenti à la Banque de France, en faveur de laquelle on usait de l'exception que l'art. 2084 du Code civil permet de faire à la constitution ordinaire du gage civil, en déclarant que les dispositions de droit commun « ne sont applicables ni aux « matières de commerce, ni aux maisons de prêt sur gage

« autorisées, et à l'égard desquelles on suit les lois et rè« glements qui les concernent. » Une grosse difficulté naissait, avant 1863, de la première partie de cet article. L'exception édictée en faveur du gage commercial pouvait paraître inapplicable en l'absence de toute disposition du Code de commerce, réglant les conditions de la constitution d'un gage commercial. Aussi, la Cour de cassation avait-elle décidé, dans un arrêt rendu le 11 août 1847, que les titres au porteur ne pouvaient être donnés en nantissement sans un acte écrit dressé d'après les prescriptions de l'art. 2074 du Code civil. Suivant M. Troplong, cette doctrine allait à l'encontre de l'intention du législateur, qui s'était proposé de soustraire le gage commercial aux formalités du droit civil. Le savant jurisconsulte soutenait que le nantissement portant sur un titre au porteur pouvait être prouvé à l'égard des tiers suivant les modes de preuve indiqués par l'art. 109 du Code de commerce, et qui sont de droit commun en matière commerciale. Confirmant cette doctrine, quelques arrêts n'exigèrent, pour la validité du gage commercial, lorsqu'il ne s'agissait ni d'une valeur cessible par voie d'endossement ni d'une valeur nominative, que la simple remise de l'objet, sans qu'il fût besoin d'aucun écrit. D'autres arrêts cependant adoptaient la décision que la Cour suprême avait rendue en 1847, lorsque, le 18 juillet 1848, cette Cour, revenant elle-même sur sa précédente jurisprudence, déclara, en conformité avec le rapport de M. Troplong, que « le nantissement de ces « sortes de valeurs n'est pas soumis aux dispositions de « l'art. 2074 du Code civil; qu'il rentre dans les cas com« pris dans l'art. 2084 du même Code, et qu'il existe, à cet « égard, un droit spécial réglé par les art. 136 et suiv. du « Code de Commerce... » Dans la suite, la jurisprudence continua à être indécise et flottante entre les deux opinions.

La loi du 23 mai 1863 mit fin à ces variations, en introduisant sous les art. 91, 92 et 93 du Code de commerce, un chapitre spécial pour réglementer le gage commercial. L'art. 91 décida dans le § premier que le gage commercial se constate à l'égard des tiers, comme à l'égard des parties contractantes, conformément aux dispositions de l'art. 109 du Code de commerce; d'autre part, il disposait que le gage, à l'égard des valeurs négociables, peut être établi par « un endossement régulier indiquant que les valeurs « ont été remises à titre de garantie ». Ces dispositions montraient clairement que les procédés à employer pour la constitution d'un gage sur des titres au porteur sont absolument les procédés requis pour l'aliénation. D'ailleurs, cette opinion est confirmée par les termes de l'exposé des motifs présentés au Corps législatif, le 13 mars 1863, par M. le conseiller d'État Cornudet : « Le gage peut être con- « stitué en titres au porteur, tels qu'effets publics, actions « et obligations; ces sortes de valeurs sont devenues au- « jourd'hui, dans la pratique des affaires, l'objet le plus « habituel des nantissements. Aucune disposition spéciale « n'était nécessaire pour faire cesser les controverses qui « se sont élevées au sujet du nantissement des valeurs « ayant la forme au porteur, puisqu'il est déclaré par le « projet, d'une manière générale et par conséquent appli- « cable à tous les objets mobiliers quelconques, que le « gage constitué par un commerçant s'établit, à l'égard des « tiers, conformément à l'art. 109. La propriété des titres « au porteur est transmissible sans endossement, sans no- « tification au débiteur, s'il s'agit d'obligations, et par la « seule tradition, absolument comme la propriété d'un « lingot, d'un bijou, d'un meuble. Le § premier suffit donc « à leur égard, et tranche toute controverse. »

Les formalités exigées pour la réalisation du gage commercial tiennent un juste milieu entre les précautions minutieuses exigées par le Code civil en faveur du débiteur, et les dispositions rigoureuses contenues dans l'Ordonnance de 1834, au cas où le nantissement est fait entre les mains de la Banque de France. Il n'est pas nécessaire, comme sous l'empire de l'art. 2078 du Code civil, de faire ordonner par la justice, ou la vente aux enchères, ou l'attribution en paiement, après estimation d'experts; mais le gage ne peut pas être vendu à la Bourse le lendemain de l'échéance et sans signification, ainsi qu'il résultait de l'Ordonnance de 1834. D'après le nouvel art. 93 du Code de commerce, le créancier gagiste a le droit « huit jours après une simple signi- « fication faite au débiteur, et au tiers bailleur du gage, « s'il y en a un, de faire procéder à la vente publique des « objets donnés en gage. » Cette vente publique, au cas où il s'agit de valeurs, n'est autre que la négociation faite à la Bourse. Le délai de huit jours qui sépare la réalisation de la signification, et cette signification elle-même, sont des mesures protectrices, établies au profit du débiteur, et constituent une faveur légale à laquelle il ne peut pas renoncer (art. 93, *in fine*).

Les parties ne sont pas contraintes de recourir à la forme commerciale de la constitution de gage. Elles peuvent y renoncer et se soumettre aux formes prescrites par le Code civil, dont les règles se présentent aux parties comme règles de droit commun.

Alors même qu'il porte sur des valeurs au porteur, le gage sera nécessairement civil toutes les fois que le constituant ne sera pas commerçant, et que la dette garantie n'est pas commerciale. En l'absence de l'une de ces deux conditions, la constitution du gage se fait conformément aux prescriptions du Code civil. Le gage, en effet, aux termes de l'article 91 du Code de commerce, n'est com-

mercial que quand il es... ...dué « soit par un commer-
« çant, soit par un individu non commerçant pour un acte
« de commerce. »

Mais comment sera constitué le gage civil portant sur des titres au porteur? Faut-il considérer ces titres comme des objets mobiliers et se contenter de leur appliquer l'art. 2074 qui exige simplement la rédaction d'un écrit, la désignation des sommes dues, de l'objet remis en gage, et l'enregistrement de cet écrit? Faut-il, au contraire, considérer la créance, abstraction faite du titre, et appliquer l'art. 2075, qui exige, pour les objets incorporels, la signification du contrat au débiteur de la créance? La jurisprudence a admis cette dernière opinion (Cass. 13 janvier 1868; Dall. 68, 1. 125. — Cass. 3 janv. 1872; Dall. 72, 1. 161). M. de Folleville la repousse avec raison : « Qu'est-ce en effet, dit-il, que la signification exigée par l'article 2075, sinon la reproduction de la disposition de l'article 1690, en matière de cession de droits de créance? Toutes les deux ont le même but : avertir le débiteur que, désormais, il ne doit plus payer à l'ancien propriétaire ou possesseur de la créance, soit parce qu'il l'a cédée, soit parce qu'il l'a remise en gage : or, si la signification imposée par l'article 1690 cesse d'être exigée, lorsqu'il s'agit de titres au porteur (et cela de l'aveu de tout le monde), pourquoi celle de l'art. 2075 serait-elle maintenue? D'ailleurs, cette signification aurait-elle une utilité quelconque? Nous n'en apercevons aucune; en effet, il s'agit d'un titre au porteur, d'un titre, il ne faut l'oublier, de telle nature que celui-là seul qui le représente peut obtenir le paiement du débiteur; or, le propriétaire qui l'a remis en gage ne l'a plus; le créancier gagiste n'a donc point à craindre que la Compagnie lui en paye le montant; aussi, cette signification est-elle supprimée pour le gage commercial; on ne peut le méconnaître, elle est des plus bizarres pour de semblables titres, même en matière civile. »

Mais la réalisation du gage civil, constitué en titres au porteur, tombera sous l'application de l'article 2078 du Code civil. L'autorisation de justice sera indispensable au créancier gagiste pour arriver à la vente, ou à l'attribution de titres jusqu'à concurrence du montant de la dette. Nul doute, d'ailleurs, que la vente à la Bourse ne remplace forcément la vente aux enchères; nul doute non plus que l'estimation par experts ne soit inutile, en présence du cours officiel de la Bourse, qui constate la valeur des titres.

SECTION V

DE LA TRANSMISSION DES TITRES AU PORTEUR PAR SUITE DE SAISIE.

Les titres au porteur, comme tous les biens d'un débiteur, sont le gage commun de ses créanciers (art. 2093). La réalisation de ce gage peut s'opérer de deux manières : soit par la saisie-exécution du titre, soit par la saisie-arrêt du titre lui-même, ou des intérêts et dividendes qui lui sont afférents. Tels sont les principes généraux, dans leur simplicité; mais les règles particulières qui régissent les titres aux porteurs rendent difficiles l'application de ces principes et l'action des créanciers.

DE LA SAISIE-EXÉCUTION.

L'art. 591 du Code de Procédure civile rend à peu près illusoire le droit de saisir-exécuter le titre du débiteur. Cet article, en ordonnant l'apposition des scellés sur les papiers trouvés à son domicile, défend implicitement à l'huissier de les compulser pour rechercher les valeurs saisissables. Toutefois, de la difficulté matérielle qui s'oppose à l'accomplissement de la saisie, il ne faut pas conclure à son impossibilité absolue. L'historique de la rédaction de notre article prouve que l'intention du législateur n'a pas été de déclarer les papiers insaisissables. L'article du projet commençait par ces mots : « Les papiers ne pourront être saisis. » Ces mots furent supprimés. Donc les papiers ne sont point insaisissables. La compulsion seule en est défendue. La loi du 24 mai 1842 vient, au surplus, prouver que notre législation ne regarde pas un droit de créance comme insaisissable, puisqu'elle autorise et réglemente la saisie des rentes sur particuliers. Les rentes sur l'État, dans un intérêt de crédit public, sont, au contraire, insaisissables. Mais la discussion de la loi de 1842 établit clairement que, si le législateur n'a pas étendu aux actions dans les Compagnies financières, industrielles et commerciales, le procédé de saisie qu'il organisait pour les rentes sur les particuliers, ce n'est pas à cause de l'insaisissabilité de ces valeurs, mais à cause de la différence profonde dans la nature des deux droits, dont l'un permet de réclamer un capital, tandis que l'autre autorise seulement la perception des arrérages. Le procédé imaginé pour la saisie des rentes devait naturellement se rapprocher de la saisie-arrêt. Lorsque, dans la Chambre des pairs, M. Persil proposa un amendement tendant à rendre la loi applicable aux actions des Compagnies financières, industrielles et commerciales, M. Romiguière combattit cet amendement dans la séance du 30 mars 1842, en se fondant sur les différences qui séparent ces valeurs et les rentes. Le garde des sceaux, M. Martin du Nord, reconnut dans la législation une lacune regrettable, et promit que le gouvernement s'occuperait de la combler par la présentation d'un projet de loi spéciale.

L'huissier, s'il n'est pas autorisé à compulser les papiers du saisi, pourrait toutefois saisir les titres qu'il découvrirait, sans faire de recherches parmi ces papiers. En agissant ainsi, il concilie, dans une juste mesure, les dispositions de l'art. 591 du Code de procédure avec les intérêts et les droits du créancier.

DE LA SAISIE-ARRÊT.

Le créancier trouvera dans la saisie-arrêt un second moyen de protection dont l'emploi ne sera guère plus facile ni plus efficace que la saisie-exécution.

L'opposition qu'il fera entre les mains de la Compagnie au paiement des intérêts et dividendes ou au remboursement de la créance elle-même, n'aura d'effet qu'à cette double condition : que le débiteur saisi se présentera lui-même pour toucher le montant du titre ou des coupons, et que les numéros des titres frappés d'opposition seront indiqués. La Compagnie, débitrice envers tout porteur du titre, ne peut se refuser à un paiement que si celui qui se présente pour toucher est manifestement le saisi lui-même. A l'égard de toute autre personne, la saisie est sans existence. Le débiteur tiendra facilement en échec le droit de son créancier, soit en cédant son titre, soit en faisant toucher le paiement par un mandataire qui sera présumé propriétaire du titre, soit en se présentant lui-même sous un nom supposé. L'opposition, au surplus, n'atteindra, le plus souvent, que les intérêts et les dividendes, car, pour qu'elle soit efficace à l'égard du remboursement du titre, il faudrait la maintenir jusqu'au temps indéterminé où le sort décidera de ce remboursement. Le créancier sera rarement assez heureux pour que le remboursement soit dû, ou soit près d'être dû, au moment où il pratique la saisie.

Si le titre est remboursable avec prime ou lot, la saisie frappera la prime ou le lot comme le titre lui-même. Ce n'est pas seulement, en effet, la valeur nominale du titre qui est l'objet de la saisie, mais encore toutes les sommes qui peuvent être dues au débiteur à l'occasion du titre.

DES TITRES INSAISISSABLES.

Comme les rentes sur l'État (loi du 8 nivôse an VI et du 22 floréal an VII), et dans un intérêt de crédit public, certains titres sont déclarés insaisissables. Telles sont les obligations du Crédit foncier, sur lesquelles le décret organique du 22 février 1852 n'admet « aucune opposition « au paiement du capital ni des intérêts) si ce n'est en cas de perte de la lettre de gage (art. 18). Il convient toutefois de remarquer que le décret ne défend pas la saisie-exécution, toujours interdite quand il s'agit de rentes sur l'État.

CHAPITRE III

DES EFFETS DE LA POSSESSION.

La possession exerce une influence capitale sur le droit, par les avantages qu'elle procure, soit en matière immobilière, soit en matière mobilière.

En matière immobilière, les avantages de la possession augmentent en proportion du temps qu'elle dure. La possession momentanée elle-même n'est pas dépourvue absolument de sanction. Expulsé par violence, le détenteur obtiendra justice en exerçant une action en réintégrande. La possession s'est-elle prolongée durant une année, avec les conditions requises : publique, paisible, continue, à titre non précaire... ? elle est protégée par une action possessoire, par la complainte. Si elle continue à s'exercer régulièrement, à mesure que les années s'écoulent elle se rapproche plus près du droit de propriété. Et, lorsque trente années seront accomplies, depuis l'entrée en possession, quelquefois même avant, cette possession elle-même, recevant une consécration légale, se transformera en propriété véritable. Le possesseur aura prescrit l'immeuble.

En matière mobilière, les effets de la possession seront-ils moins énergiques ? Non, car l'art. 2279 formule ainsi une règle presque absolue : *En fait de meubles, possession vaut titre.* En d'autres termes, le possesseur d'un meuble est de plein droit propriétaire. Il n'est pas nécessaire que la détention se prolonge pendant une certaine durée, qu'elle subisse l'épreuve du temps. Pourvu qu'elle soit régulière, pourvu qu'elle soit exempte de vice originaire, la possession équivaut à la propriété. Et cela se comprend : d'une part, en effet, les meubles n'ont, d'ordinaire, qu'une minime importance, et, dans la pratique, leur propriété fait rarement l'objet d'une constatation par écrit ; il serait donc souvent difficile d'établir cette propriété. D'autre part, les meubles circulent rapidement en raison même de leur nature ; or, au milieu de ces transmissions multiples, combien de procès en garantie naîtraient entre les détenteurs successifs, s'il était permis au propriétaire primitif de suivre sa chose partout où elle se trouve. Pour couper court à ces difficultés de preuve et à ces inconvénients pratiques, il fallait attribuer à la possession des meubles un effet particulièrement énergique.

Cependant, nos Coutumes ont, en grand nombre, suivi, de plus ou moins près, le principe romain de la prescription mobilière. Certains parlements, tels que ceux de Toulouse et de Bordeaux, admettaient, pour les meubles, une prescription semblable à la prescription immobilière. Cinq ans de possession suffisaient en Bretagne pour prescrire, à moins qu'il n'y eût obligation, lettre ou promesse par écrit de restituer. Bon nombre d'autres Coutumes, parmi lesquelles les Coutumes de Melun, d'Amiens, de Sedan, celles de Bourgogne, d'Anjou, de Provence, avaient accepté l'usucapion telle qu'elle avait été fixée par Justinien, en matière mobilière, et exigeaient seulement une possession de trois ans.

Mais nulle part l'interdit romain ne s'était changé en action possessoire. La propriété et la possession ne formaient qu'une seule question dans un même débat. « Parce que, « dit Imbert dans sa Pratique judiciaire, chapitre XVII, « parce que, selon le droit, la possession des choses mo-« bilières est vile, c'est-à-dire que l'on n'en tient grand

« compte, l'on traite de la propriété et seigneurie du « meuble (savoir est, à qui il appartient des deux contendants) ensemble et de la possession. » — « Pour simples « meubles, disait Loisel, on ne peut intenter complainte. « Mais en iceux échet aveu et contr'aveu. » L'Ordonnance de 1667 admettait la complainte pour universalité de meubles; mais cette disposition devait s'entendre dans le sens de l'article 97 de la Coutume de Paris « pour universalité de meubles comme en succession mobilière. » — « Il paraît, dit Bourjon, que la maxime qui autorise la complainte pour universalité de meubles ne peut s'appliquer « que lorsqu'une succession est contestée entre plusieurs. » (Droit commun de la France, 2, p. 212.)

Le droit romain avait étendu son influence jusque sur les provinces soumises à la Coutume, et avait fait triompher, en plus d'une, la théorie de la prescription mobilière. En revanche, les principes du droit germanique n'avaient pas été sans une action marquée dans les pays de droit écrit. La loi Salique, à laquelle les auteurs remontent volontiers, la loi Ripuaire et les Établissements de saint Louis ne permettent, au propriétaire dépossédé, la procédure d'entiercement que si la perte de la détention ne provient pas d'un fait volontaire. Le revendiquant, dit saint Louis « doit « jurer sur saints qu'il ne fit oncques choses de quoi il dust « perdre la saisine ». La revendication est réservée d'une manière expresse au propriétaire dont le meuble est perdu ou volé. Cette législation se reflète dans les Coutumes qui, pour la plupart, déclarent que les meubles n'ont pas de suite par hypothèque. La Coutume de Paris ne mentionne aucune prescription mobilière. Bourjon blâme certains jurisconsultes qui veulent suppléer à son silence. « La prescription, dit-il, n'est d'aucune considération : elle ne peut « être d'aucun usage, quant aux meubles, puisque, par

« rapport à ces biens, la simple possesion produit tout « l'effet d'un titre parfait; principe qui aplanit les difficul« tés que faisait naître le silence que la Coutume de Paris « a gardé sur cette prescription.. .. En effet, suivant la ju« risprudence de ce tribunal (le Châtelet), la possession « d'un meuble, ne fût-elle que d'un jour, vaut titre de pro« priété, sauf l'exception de vol.... La jurisprudence con« traire serait préjudiciable au bien public, puisque per« sonne, par rapport aux meubles, n'exige un titre qui soit « tout ensemble justificatif de propriété, et sur ce, chacun « se contente de la possession : elle est donc suffisante. » Aucune prescription mobilière ne se rencontre dans la Coutume d'Orléans. Pothier explique son absence par un exposé de doctrine, conforme à celui de Bourjon. « Il est « rare, dit-il dans son Commentaire de la Coutume d'Or« léans, qu'il y ait lieu à la question (de prescription), le « possesseur d'un meuble en étant parmi nous *présumé « propriétaire*, sans qu'il soit besoin d'avoir recours à la « prescription, à moins que celui qui réclame ne justifie « qu'il en a perdu la possession par quelqu'accident, « comme par un vol. »

Cependant un auteur qui écrivait à peu près dans le même temps que Bourjon, et qui était procureur au Châtelet, ne donne pas la même extension à la jurisprudence de ce tribunal : « La Coutume de Paris, dit-il, n'a point « règle, et je n'en connais pas qui fixe le temps pendant « lequel il faut posséder un meuble pour en acquérir la « propriété. Nous tenons, au Châtelet, pour maxime cer« taine, que celui qui est en possession de meubles, bijoux « et argent comptant, en est réputé propriétaire, s'il n'y a « titre contraire. » Il y a lieu de s'étonner que Denizart n'ait pas connu de Coutumes fixant le temps nécessaire à une prescription mobilière; il est également possible d'être surpris qu'il ait parlé d'une présomption de propriété, pour en restreindre la portée à cette règle de droit commun en matière de preuve : *In pari causa, melior est causa possidentis,* qui n'est elle-même que l'application d'un principe plus général : *actori incumbit probatio.* Mais qu'importe aujourd'hui l'opinion particulière de Denizart, du moment que Pothier, le guide le plus habituel des rédacteurs du Code, est d'un avis opposé? du moment surtout que Bourjon, auquel ils ont emprunté textuellement les expressions de l'art. 2279, interprète différemment la jurisprudence du Châtelet, « où l'on tient pour maxime constante qu'en fait « de meubles la possession vaut titre de propriété, à moins « que le meuble ne soit furtif ».

Tels sont les précédents historiques. L'on est pourtant loin de s'entendre sur le sens que le législateur a voulu attribuer aux termes qu'il a reproduits dans l'article 2279 : « En fait de meubles, la possession vaut titre. »

Toullier, encore imbu des idées romaines, y voyait la confirmation de l'usucapion triennale de Justinien. D'après lui, le possesseur d'un meuble n'en est pas présentement propriétaire; il est simplement présumé tel, comme le possesseur d'un immeuble en est présumé propriétaire, jusqu'à preuve contraire ; il est en voie de prescrire, et il prescrira par trois ans, à la différence du possesseur immobilier qui ne prescrit que par 10, 20 ou 30 ans. La possession *équivaut* à un titre ; or, tout titre doit être confirmé par la prescription, sous peine de céder devant le droit véritable de propriété. Mais de quelle sorte de titre Toullier cherchait-il l'équivalent dans la possession? La possession équivalait-elle, selon lui, à un mode d'acquisition, ou à un acte servant de preuve à une acquisition supposée? Si la possession équivaut à un titre d'acquisition, le propriétaire n'a pas besoin de consolider son droit par une prescription.

Si la possession équivaut à une preuve complète d'acquisition, ainsi que semblent le vouloir Pothier et Bourjon, en quoi la prescription serait-elle utile au possesseur? La possession équivaudrait-elle enfin à un juste titre, à une acquisition faite d'une personne non propriétaire du meuble, *a non domino?* Toullier est encore ici en contradiction avec Pothier et Bourjon, qui nient le besoin de faire intervenir la prescription, avec Bourjon surtout qui déclare la possession un titre parfait de propriété.

Delvincourt prétend que la possession est un mode d'acquérir le meuble, mode direct et principal, comparable à l'occupation. Mais on objecte que les articles 711 et 712 du Code, qui énumèrent les différentes manières d'acquérir, ne rangent pas parmi ces modes la possession, si ce n'est lorsqu'elle remplit les conditions déterminées pour la prescription, lorsqu'elle dure un certain laps de temps, et repose sur un juste titre. La conséquence de ce système, c'est que le dépositaire, l'emprunteur, le locataire, pourraient, en possédant de bonne foi, *cum animo rem sibi habendi*, faire échec aux dispositions du Code qui les mettent dans l'obligation de restituer, et à celles qui défendent à tout détenteur à titre précaire de changer le titre de sa possession. La conséquence du principe est aussi inadmissible que le principe lui-même.

Troplong a essayé de restreindre la portée que Delvincourt donnait à la maxime, en disant qu'elle signifiait simplement que les meubles n'ont pas de suite; qu'elle ne protégeait que le tiers acquéreur; que le législateur ne s'occupait dans le § 1er que de celui-ci, puisque, dans le § 2, il ne pouvait être question que d'un tiers acquéreur du meuble perdu ou volé. Cette restriction, étrangère à la doctrine de Bourjon et de Pothier, laisse sans défense tout possesseur qui n'est pas tiers acquéreur.

Marcadé, et, après lui, M. Demolombe, M. Accolas et bien d'autres auteurs, tiennent pour une prescription acquisitive instantanée. La place que l'article 2279 occupe dans le Code, sous le titre De la Prescription, établirait la nature de sa disposition. On fait remarquer aux partisans de cette doctrine qu'une certaine durée dans la possession est un élément constitutif de toute prescription, qu'aux termes de l'article 2219, la prescription est un moyen d'acquérir ou de se libérer, *par un certain laps de temps* et sous les conditions déterminées par la loi. Ils répondent que dans notre ancien droit, les conditions de temps étaient si variables d'une province à l'autre, que le législateur a bien pu fixer une nouvelle durée qui ne fût que d'un instant de raison. L'article 2239, ajoutent-ils, reconnaît implicitement la prescription des meubles, en disant que « ceux à qui les fer« miers, *dépositaires* et autres détenteurs précaires, ont « transmis la chose par un titre translatif de propriété, peu« vent la prescrire ». Le dépôt ne peut avoir, en effet, pour objet qu'un meuble. A cet argument, l'on répond qu'il est d'autant moins certain que le législateur ait eu en vue la possession d'un meuble, que le dépositaire est assimilé au fermier qui ne retient qu'un immeuble ; que le mot *dépôt* n'est pas toujours pris dans son sens technique, qu'il signifie souvent le séquestre dont l'objet est un immeuble ; que c'est dans cette acception large que le législateur emploie lui-même ce terme dans l'artcle 1956 : « Le séquestre est « le dépôt fait par une ou plusieurs personnes.... » Au surplus, la prescription dont il est question dans l'article 2239 est grandement différente de la maxime : « En fait de meubles, la possession vaut titre ». Cette prescription exige l'existence d'un juste titre, ce qui, ainsi que le disait Bourjon, « serait préjudiciable au bien public, puisque personne, « par rapport aux meubles, n'exige un titre qui soit tout

« ensemble justificatif et translatif de propriété, et sur ce, « chacun se contente de la possession : elle est donc suffi- « sante. »

L'article 2279 a pour but d'éviter au possesseur de faire preuve d'un titre ou d'un juste titre. L'un des rédacteurs du Code, M. Bigot-Préameneu, tient un langage conforme à celui de Bourjon : « Dans le droit français, dit-il, on n'a point admis à l'égard des meubles une action possessoire, distincte de celle de la propriété ; on y a même regardé le seul fait de la possession comme un titre ; on n'en a pas ordinairement d'autre pour les choses mobilières. Il est, d'ailleurs, le plus souvent impossible d'en constater l'identité et de les suivre dans leur circulation de main en main. Il faut éviter des procédures qui seraient sans nombre et qui, le plus souvent, excéderaient la valeur des objets de la contestation. »

Dans une autre opinion, la maxime de l'art. 2279, ne pouvant être ni un juste titre permettant la prescription, ni un mode d'acquérir spécial, ni une prescription instantanée, est une présomption de propriété. En effet, d'après Bourjon, la possession n'est pas un titre, mais vaut un titre ; et, d'après Pothier, le possesseur d'un meuble en est *présumé propriétaire*. Reste la question de savoir si elle élève une présomption *juris tantum*, ou une présomption *juris et de jure*. La jurisprudence semble avoir, autant que possible, évité de se prononcer d'une manière doctrinale, mais sa tendance est de reproduire et d'étendre l'opinion de Denizart, en faisant céder la maxime de l'art. 2279, non seulement devant une preuve contraire, mais encore devant toute autre présomption. (Cass., 10 fév. 1810. Sir., 10. 1. 372 ; Cass., 15 av. 1863. Dall., 63. 1. 396 ; Cass., 21 av. 1866. — Grenoble, 16 mars 1869.)

MM. Aubry et Rau et M. de Folleville admettent, au contraire, l'idée d'une présomption légale. L'art. 1350 déclare, en effet, que « la présomption légale est celle qui est « attachée par une loi spéciale à certains actes ou à certains faits; tels sont : 1°.....; 2° les cas dans lesquels la « loi déclare la *propriété* ou la libération résulter de certaines circonstances déterminées;... » (Cass., 7 déc. 1868; Nancy, 20 nov. 1869. Dall., 70. 2. 142.) Une restriction, toutefois, est mise à la portée de cette présomption. Peut-être le détenteur a-t-il reçu le meuble à titre précaire, en dépôt, en gage, en prêt; il est alors tenu d'une obligation de restituer, indépendante de la présomption générale édictée par l'art. 2279. Celui-ci, il faut le remarquer, n'a pas pour but d'intervenir dans les conventions qui, aux termes de l'art. 1134, font la loi des parties.

Il est d'ailleurs bien entendu qu'il faut être possesseur de bonne foi pour invoquer la maxime : « En fait de meubles, la possession vaut titre. » Cette condition est formellement imposée par l'art. 1141, qu'on reconnaît ne faire qu'une application particulière de la maxime, en permettant à l'acheteur qui possède une chose de bonne foi d'être préféré à un acheteur antérieur qui n'aurait pas reçu livraison.

SECTION I

DES DROITS DU PROPRIÉTAIRE DÉPOSSÉDÉ VIS-A-VIS DU TIERS PORTEUR, OU DE LA REVENDICATION DES TITRES PERDUS OU VOLÉS.

La revendication, en principe impossible en matière mobilière, est ouverte au propriétaire dépossédé par la perte ou le vol du meuble. Il peut l'exercer contre deux classes de personnes, contre l'inventeur ou le voleur, et contre le tiers acquéreur.

L'inventeur et le voleur sont tenus d'une obligation personnelle de restitution. Leur possession est viciée par la mauvaise foi, et la présomption de propriété, établie par le § 1er de l'article 2279, ne les protège pas. La prescription trentenaire est seule capable de les mettre à l'abri de l'action du propriétaire.

Les règles de la revendication du meuble perdu ou volé, telles que les pose le Code, ne sont guère que la reproduction d'un droit très-ancien. Déjà les Établissements de saint Louis déclaraient que la revendication est exceptionnellement accordée au propriétaire de ce meuble. Pour rendre sa demande recevable, ce dernier doit jurer que sa dépossession ne provient pas d'un fait volontaire; il « doit jurer « sur saints qu'il ne fit oncques choses de quoi il dust per- « dre la saisine. » Un de ses essaims d'abeilles s'est-il enfui ? il peut le revendiquer contre celui qui s'en est emparé. « Le demandeur jurera devant le juge, seur saints de sa « main qu'elles sont seues, et qu'elles issirent de son essaim « à veue et à seue de lui et sans perdre leur veue, jusqu'au « lieu où il (l'inventeur) les a cueillis. Par itant aura les ès « (abeilles), et rendra à l'autre la value du vessel où il les « a cueillis. » En cas de vol, la revendication est ouverte, comme en cas de perte : « Si aucun accuse autre personne « de larrecin, il doit nommer le larrecin, si c'est un queval, « ou robes, ou gages d'argent, et doit dire en tèle manière : « je me plaing de tel home (et doit mettre quatre deniers « dessus la chose par devant la justice), il m'a emblé tèle « chose. »

Dans le dernier état de notre droit, Bourjon, dont la doctrine a été reproduite par les rédacteurs de notre Code, autorisait la revendication de « l'effet mobilier furtif. » L'avis de Pothier était conforme à celui de Bourjon. Suivant lui, le possesseur d'un meuble en est « présumé propriétaire,

« sans qu'il soit besoin de recourir à la prescription : à « moins que celui qui le réclame et s'en prétend proprié- « taire ne justifiât qu'il en a perdu la possession par « quelqu'accident, comme par un vol qui en a été fait. »

La revendication est toujours ouverte contre le tiers acquéreur, que sa mauvaise foi rend non recevable à invoquer la maxime : En fait de meubles, la possession vaut titre. Elle n'est donnée que dans une mesure restreinte contre le tiers de bonne foi.

Déjà, dans les Établissements de saint Louis, la bonne foi du tiers acquéreur ne faisait pas obstacle à la revendication. « Se uns home achetoit un cheval ou un buef, ou autre « chose, et il fust de bonne renommée et uns autre venist « avant et lui deiet : Cette chose m'a été emblée, et il fut « bien cogneus et il ne seust de qui il l'eust achetée, li au- « tres l'auroit, seil voloit jurer sur saints loiaument qu'elle « fut seue, et cil qui l'auroit achetée, si auroit son argent « perdu. » Au temps de Bourjon, le même principe était reconnu : « l'effet mobilier furtif pouvait être revendiqué, « même entre les mains de l'acquéreur de bonne foi, pourvu « que le furt fût constaté. »

Le § 2 de l'article 2279 du Code civil ne laisse toutefois subsister l'action en revendication contre le tiers acquéreur de bonne foi que pendant trois années, à partir du jour du vol ou de la perte. Ce temps écoulé, la maxime : En fait de meubles, la possession vaut titre, reprend tout son empire. Ce § 2 est ainsi conçu : « Celui qui a perdu, ou « auquel il a été volé une chose, peut la revendiquer pendant « trois ans, à compter du jour de la perte ou du vol, contre « celui dans les mains duquel il la trouve ; sauf à celui-ci « son recours contre celui duquel il la tient. »

J'examine les conditions qui rendent possible cette revendication triennale. La première question est celle de savoir à la charge de qui incombe la preuve de la perte ou du vol. Il ne peut y avoir aucun doute à cet égard. Ces deux faits sont exceptionnels ; la revendication en matière mobilière est elle-même une exception au droit commun : c'est donc au propriétaire de faire la preuve que son action est recevable. Il doit, par conséquent, établir le fait de la perte ou du vol ; il établira en outre la date de la perte ou du vol qui marque le point de départ de l'action, et permet de constater s'il est encore dans les délais utiles.

Une jurisprudence constante refuse d'assimiler l'abus de confiance au vol, et d'étendre le bénéfice de la revendication au propriétaire victime de cette fraude. Lorsque le détournement provient d'un abus de confiance, le propriétaire a, par un fait volontaire quoiqu'inconscient, prêté la main à sa propre dépossession, en confiant la détention de l'objet à la personne qui devait le tromper ; en cas de vol, aucun fait positif n'engage la responsabilité du propriétaire, tout au plus coupable de négligence (art. 379, C. pén. et art. 406-409, C. pén.) — (Cass. 23 déc. 1863 ; Dall. 65, 1. 81. Paris, 9 avr. 1864. Dall. 65. 2. 55. Bordeaux 26 mai 1873. Rouen, 12 mars 1873. Dall. 73. 2. 188). La différence profonde qui sépare les deux cas n'est pas effacée par cette circonstance que la soustraction est également frauduleuse dans l'un et dans l'autre. L'exception admise par notre article doit être restreinte à l'hypothèse spécialement prévue par le législateur.

La même décision doit, pour les mêmes motifs, s'appliquer au dessaisissement qui résulte d'une escroquerie. C'est à tort que M. Troplong permet ici la revendication pendant trois ans, en se fondant sur ce que le consentement du propriétaire à se dépouiller de l'objet n'est pas sérieux. Quoique vicié par une erreur et obtenu par une fraude, le consentement de celui-ci n'en a pas moins, en réalité, participé à sa propre dépossession. La jurisprudence, presque unanime à refuser la revendication au propriétaire victime d'un abus de confiance, varie au contraire lorsque sa dépossession est due à une escroquerie (art. 405, C. pén.) — (En ce sens : Dijon, 28 nov. 1856. Dall. 57. 2. 1... Paris, 9 janv. 1862. Dall. 62. 5. 217. Contra : Bordeaux, 3 janv. 1857. Dall. 59. 2. 161.) Tantôt elle assimile ce délit au vol, et tantôt lui reconnait une simple analogie. La tendance trop fréquente de la jurisprudence à rassembler sous une même protection deux hypothèses si différentes tient, dans ce cas encore, à ce que l'on est tenté d'envisager le fait de la dépossession du côté de son auteur, ainsi qu'on doit le faire en matière pénale, et qu'on y trouve une fraude dont on veut assurer la punition. Il convient cependant de tenir compte du degré de protection dù au propriétaire. Celui-ci est en faute de n'avoir pas déjoué les manœuvres frauduleuses de l'escroc : il ne doit pas lui être permis de léser par une revendication anormale les intérêts du tiers acquéreur de bonne foi.

De deux intérêts également respectables, de celui du propriétaire privé de sa chose et de celui du tiers détenteur qui peut-être l'a acquise à titre onéreux, la loi sacrifie le moins anciennement né. Toutefois, elle réserve au tiers le recours que le droit commun lui confère : il peut actionner son auteur en garantie, si l'objet lui a été cédé par un contrat de vente. Il peut également intenter contre lui une action en dommages-intérêts, dans tous les cas où il serait coupable d'une faute autorisant l'application de l'article 1382.

Le recours du tiers détenteur serait le plus souvent lettre morte, soit que son garant ne fût pas connu de lui ou fût insolvable, ce qui arriverait d'ordinaire si le vendeur était le voleur lui-même; soit que le cédant n'eût pas commis de faute qui l'obligeât à réparation.

Une protection plus sûre lui est offerte, dans certaines circonstances particulières, par l'article 2280, dont l'origine peut être retrouvée dans les Établissements de saint Louis. Il peut quelquefois exiger du revendiquant de l'indemniser de son acquisition avant de l'évincer. Le propriétaire « perdra son chastel (meuble), se li marchands ne « l'avoit achetée à la foire de Pâques, et se il l'avoit achetée, il rauroit son argent par la Coutume de l'Orlenois « et seroit hors de soupçons ce étoit hons qui eust usé et « accoutumé à acheter liex choses et qui fust de bonne re« nommée. »

L'article 2280 préfère l'intérêt du tiers à celui du propriétaire, parce que le tiers est un acheteur qui subirait une perte par suite de l'éviction à laquelle il est soumis, tandis que le revendiquant a peut-être acquis lui-même le meuble, sans bourse délier; parce que, d'autre part, il suppose une acquisition prudente, faite par un tiers qui n'a pas voulu courir le risque de recevoir une chose perdue ou volée en l'achetant du premier venu. « Si, dit l'article 2280, le « possesseur actuel de la chose volée ou perdue l'a achetée « dans une foire ou dans un marché, ou dans une vente « publique, ou d'un marchand vendant des choses pareil« les, le propriétaire originaire ne peut se le faire rendre « qu'en remboursant au possesseur le prix qu'elle lui a « coûté. »

L'article protège efficacement la possession de l'acheteur d'un titre négocié en Bourse. C'est à lui de prouver qu'il est en situation d'invoquer cette disposition exceptionnelle. Mais la preuve de son droit lui sera facile. Lorsque le propriétaire aura établi sa propriété, la perte ou le vol dont il a été victime, la date de ce fait qui rend son action recevable pendant trois ans, le possesseur lui opposera le bordereau délivré par l'agent de change et constatant la négociation du titre sur le marché public.

L'acquisition faite en Bourse, par le ministère des agents de change, soit à Paris, soit dans les départements, ainsi que celle qui a lieu sur les marchés étrangers, rentre évidemment dans les cas prévus par le législateur sous les expressions de *foire, marché, vente publique*.

Mais c'est une question controversée que celle de savoir si les changeurs, en s'immisçant dans les fonctions de l'agent de change, font une vente affectant un caractère de publicité suffisant pour purger le vice de la chose perdue ou volée? Je préfère la négative. Leurs services, il est vrai, sont offerts au public, toujours libre de se présenter à leur comptoir pour une négociation. Mais ils ne pratiquent leur commerce qu'en dehors de la Bourse et de tout marché public; leurs opérations ne sont pas faites sous le regard de tous. On objecterait vainement que les règles auxquelles les changeurs sont assujettis par le décret du 19 mai 1791, doivent faire considérer leur bureau comme une sorte de marché public. La jurisprudence répond avec raison qu'un comptoir de changeur n'est point une marché. J'ajoute que le décret doit être mis hors de cause, dans un débat qui porte sur des négociations dans lesquelles la loi ne leur reconnaît pas le droit de s'entremettre. (Paris, 9 novembre 1864. Dall. 65. 2. 83. Paris, 21 avril 1871.)

Mais ne pourraient-ils, du moins, invoquer la qualité de marchands vendant des choses pareilles? Cela dépend d'une question de fait. Ont-ils agi comme intermédiaires? ils n'ont pas été des marchands, mais des courtiers. Avaient-ils la propriété des titres vendus? ils ont été personnellement vendeurs, et l'acheteur se trouve protégé par l'art. 2280, comme ayant acquis le titre perdu ou volé d'un marchand vendant des choses pareilles. Car, s'il est interdit aux changeurs de s'immiscer dans la négociation des valeurs et de porter atteinte au privilège des agents de change, il ne leur est pas défendu d'étendre leur commerce à la revente de titres qu'ils ont achetés en leur nom. La loi organique de 1791, qui règlemente la vente des monnaies et matières métalliques, ne restreint pas, en ce qui concerne les titres, la liberté commerciale qui appartient à tous. « L'achat et la vente des coupons et des titres au porteur, dit M. Ambroise Buchère, sont devenus d'un usage constant dans toutes les boutiques de changeur de Paris. Pourquoi refuser, dès lors, à celui qui est entré chez un changeur pour acheter des titres, dont la cession n'est soumise à aucune formalité, la garantie que la loi accorde à l'acheteur de tout objet mobilier, auquel la vente a été faite chez un marchand vendant de pareils objets? Le changeur vend des titres, comme l'horloger vend une montre ou une pendule... » (M. A. Buchère, *Valeurs mobilières et effets publics*, nº 859.)

Les agences spéciales établies à Paris pour le paiement des coupons, la vente et l'achat de titres, doivent être assimilées aux changeurs. Elles sont marchandes de titres. Mais la même solution ne s'applique pas au banquier dont l'industrie consiste à escompter des effets, à faire des prêts, quelquefois sur simple dépôt de titres, quelquefois en portant ces titres en compte courant. Lorsqu'il réalise le gage en le vendant, il ne fait point acte de marchand, et le débiteur, s'il a conservé la propriété des titres, évince l'acheteur, sans avoir à l'indemniser de son acquisition pour triompher dans sa revendication. Ainsi le sous-comptoir d'Escompte, dont la mission consiste à faire des avances sur ces sortes de valeurs, ne fut pas admis à se prétendre marchand, lorsque, appelé en garantie par un cessionnaire, il entendait subordonner la revendication du propriétaire au remboursement du prix des titres. Cette prétention fut repoussée par un arrêt de la Cour de Paris du 2 août 1856. (Sirey, 57. 2. 177.)

Tel est le droit de revendication qui appartient au propriétaire dépossédé contre le tiers détenteur, par application des art. 2279-2280 du Code civil. Nous aurons à examiner bientôt si, dans certains cas, ce droit n'a pas été étendu par la loi du 15 juin 1872 [1].

SECTION II

DES DROITS DU PROPRIÉTAIRE DÉPOSSÉDÉ VIS-A-VIS DU DÉBITEUR QUI A ÉMIS LES TITRES PERDUS OU VOLÉS.

La revendication est une protection, plus apparente qu'efficace, pour le propriétaire dont les titres sont perdus ou volés. Elle est souvent impossible, et parfois nullement avantageuse contre le tiers de bonne foi. Elle est souvent impraticable contre toute espèce de détenteur, par ce motif qu'il demeurera inconnu. En l'absence du titre qui constatait la dette, le créancier pourra-t-il se faire payer par le débiteur, au moins quand ce dernier ne s'est pas libéré entre les mains du possesseur de la créance par un paiement effectué de bonne foi et dans les conditions prévues par l'article 1240 ?

Suivant le droit commun, le créancier pourrait réclamer le paiement de la dette devenue exigible, en la prouvant même par témoins, alors même qu'elle s'élève à plus de

1. Notamment au cas où le propriétaire dépossédé s'est mis en règle en faisant opposition.

150 francs (art. 1348); ou bien encore, si elle n'est pas arrivée à échéance, il obtiendrait de la bonne foi du débiteur la délivrance d'un titre nouveau. Il n'y aura aucune difficulté à appliquer ces principes dans le cas où il s'agira d'un titre nominatif. En effet, le débiteur est à l'abri des réclamations du tiers porteur d'un titre nominatif; il ne pourrait pas refuser de payer aux mains du créancier véritable, sous le prétexte qu'il aurait à craindre d'être forcé de payer une seconde fois entre les mains du tiers porteur. Mais, au contraire, lorsque le titre est au porteur, le débiteur n'est-il pas en droit de refuser de s'acquitter entre les mains du propriétaire dépossédé? Ne court-il pas le danger d'être contraint de payer une deuxième fois au détenteur, après avoir payé une première fois au créancier?

La question demande à être examinée dans deux périodes législatives. Il faut indiquer d'abord les règles générales établies par la législation du Code civil. Il faudra examiner ensuite les modifications introduites par les dispositions nouvelles de la loi des 15 juin-5 juillet 1872.

§ 1er. — *Avant la loi de* 1872.

Avant la loi de 1872, il était impossible au créancier de la Dette publique, tant qu'il restait dépouillé de son titre de rente au porteur, d'obtenir le paiement des arrérages qui lui étaient dus. Il est vrai que la loi du 22 floréal an VII, tout en déclarant qu'il ne serait désormais reçu aucune opposition au payement des arrérages des rentes sur l'État, réservait celle qui serait formée par le propriétaire de l'inscription. Mais l'opposition, faite suivant les prescriptions de cette loi, en cas de vol ou de perte du titre, ne pouvait être pratiquée que lorsque ce titre était nominatif, car le droit aux arrérages devait suivre le titre dans les mains où il passe : s'il s'agissait d'un titre au porteur, il n'y avait lieu qu'à la revendication. Le vol, la perte, la destruction même de ce titre, ne donnaient pas au créancier le droit d'exiger un duplicata. Le décret du 3 messidor an XII, qui permettait la délivrance d'un titre nouveau, ne pouvait, d'après l'interprétation du conseil d'État du 27 août 1810, recevoir d'application, s'il s'agissait d'inscriptions au porteur ; ces inscriptions étaient inconnues avant l'Ordonnance royale du 29 avril 1831. Par faveur, le gouvernement était pourtant allé jusqu'à permettre au propriétaire du titre au porteur d'adresser au ministre des finances, sur une feuille de papier timbré, une demande en délivrance de second titre, en indiquant le numéro de celui qui était perdu. Cette délivrance lui était faite, moyennant le dépôt de valeurs nominatives de même espèce, pour une somme correspondante au capital de la première, augmentée de cinq années d'arrérages.

Quant aux Compagnies industrielles, elles prétendaient, à l'exemple de l'État, ne pouvoir être contraintes, ni à servir les intérêts et dividendes, ni à payer le capital, ni à délivrer des duplicatas des titres détruits, perdus ou volés. « Nous ne devons pas à la personne (disaient-elles), nous ne devons qu'au titre ; nous ne pouvons reconnaître, ni comme associé, ni comme créancier, celui qui ne produit pas de titre. En nous constituant avec des titres au porteur, nous avons voulu nous soustraire aux difficultés qui résultent des questions de propriété des valeurs nominatives : c'est sous cette loi qu'a eu lieu le contrat ; cette loi a été acceptée par ceux qui ont souscrit nos obligations ou nos actions. Nous déclarer obligées envers ceux qui ne peuvent pas produire leurs titres, nous obliger à discuter avec eux sur la propriété et la perte de ces titres, ce serait nous jeter dans des procès bien plus périlleux encore que ceux que nous avons voulu éviter. » Telle est l'argumentation qu'exposa M. Bonjean dans le rapport qu'il présenta au Sénat le 2 juillet 1862, au moment où le législateur se préoccupait de la situation dans laquelle était le propriétaire dépouillé de ses titres au porteur : situation à laquelle il ne devait pas être porté remède avant la loi de 1872, qui réalisa enfin les réformes proposées déjà dans ce remarquable rapport.

M. Bonjean s'élevait avec force contre cet argument : « Nous devons au titre, non à la personne », cette prétention n'est « qu'un jeu de mots vide de sens autant que de « bonne foi. » Le titre, l'écrit, n'est qu'un instrument de preuve. Il constate une obligation dont l'existence est indépendante de la sienne. Il ne crée pas l'obligation : celle-ci résulte du concours de la volonté des parties. La perte du titre peut entraîner l'impossibilité de la preuve, mais elle n'est pas un des moyens prévus par la loi, pour l'extinction de la dette. Dans le silence du titre, on ne peut admettre que les parties contractantes aient posé et accepté cette condition exorbitante de l'extinction de la dette par la seule perte du moyen de preuve. Il y a plus : une pareille clause devrait être tenue pour nulle, comme contraire aux lois et à la morale : contraire aux lois, parce qu'elle tendrait à créer un mode d'extinction en dehors des modes prévus par le Code ; qu'elle méconnait l'article 717, qui ne permet pas que l'objet perdu appartienne au premier occupant ; contraire à la morale, parce que personne ne doit s'enrichir aux dépens d'autrui : *Nemo alienâ jacturâ locupletari potest.*

Il appartenait à la jurisprudence, qui d'abord avait trop bien accueilli la prétention du débiteur, de donner satisfaction aux justes réclamations du propriétaire dépossédé, sans exposer le débiteur à payer une seconde fois entre les mains d'un tiers porteur.

Trois points surtout attendaient une solution : le paiement des coupons, le remboursement du capital, et la délivrance d'un nouveau titre.

Un arrêt du 27 février 1851, de la Cour de Paris, imagina un système de protection qui conciliait assez bien les intérêts du propriétaire avec ceux du débiteur. Il se fondait sur les règles en matière de prescription. Lorsque cinq ans se sont écoulés depuis le jour de l'exigibilité, la prescription des intérêts se trouve acquise au débiteur. S'il en est ainsi, à cette époque, le tiers porteur sera donc sans droit. Que le débiteur dépose donc à la Caisse des dépôts et consignations, au fur et à mesure de leur échéance, les intérêts et dividendes du titre perdu : le propriétaire pourra les toucher à l'expiration du temps acquis pour la prescription, celle-ci n'ayant couru que contre le tiers. Si pendant le cours du dépôt le tiers se présente, alors on videra la question de propriété.

C'était au moyen d'une opposition régulièrement signifiée au débiteur que le propriétaire pouvait l'empêcher de payer valablement au possesseur de la créance et de se libérer à son préjudice. L'opposant était alors admis à justifier de sa propriété, et à prouver que sa revendication serait, le cas échéant, recevable ; et, après avoir fourni sa preuve, il obtenait de toucher les intérêts et arrérages de sa créance à mesure qu'ils étaient prescrits contre le tiers porteur.

Quant aux coupons perdus après avoir été séparés du titre, ils étaient à tort regardés comme ne pouvant faire l'objet d'une opposition. Si le coupon est à certains égards assimilable à la monnaie, et susceptible d'être employé pour un paiement, il est néanmoins revêtu d'une individualité qu'il emprunte à son numéro d'ordre : il se distingue ainsi de la monnaie fiduciaire.

Enfin un arrêt de la Cour de Paris, du 24 juillet 1858, admit le propriétaire dépossédé à toucher le capital de son titre, trente ans après son exigibilité, et à exiger un duplicata trente ans après la perte du titre.

Après trente ans d'exigibilité, le capital est prescrit contre le tiers porteur, et peut être touché par le créancier, lorsqu'il aura rempli les formalités d'opposition et de dépôt exigées pour les intérêts et dividendes.

En permettant de réclamer au débiteur un duplicata, trente ans après le vol ou la perte du titre, la Cour de Paris méconnaissait un principe incontestable, à savoir, que la prescription de la dette ne peut courir que du jour où le paiement devient exigible. C'est donc à partir de la dissolution de la Société, ou de l'amortissement du titre, conformément aux termes des statuts, qu'il faudrait compter le délai. Il y aurait coïncidence nécessaire entre le moment où le créancier pourrait demander le paiement du capital, et celui où il aurait droit à un nouveau titre. — On a vainement essayé de justifier la décision de l'arrêt, en prétendant que le jugement intervenu crée un titre sujet à prescription acquisitive. La Cour de Paris elle-même a désavoué cette doctrine, dans un arrêt du 13 mai 1865, où elle s'oppose d'une manière absolue à la délivrance d'un nouveau titre. « L'exercice d'un droit, dit M. Labbé dans « une note sur cet arrêt, consistant, par exemple, en une « créance ou une action, n'a pas assez de publicité pour « justifir une prescription acquisitive. » D'ailleurs, de deux choses l'une : ou bien le jugement est un titre pur et simple, ou bien il est un titre conditionnel, et il échappe à la prescription qui ne pourait commencer qu'à partir du jour où a commencé une possession régulière.

Il n'était pas possible d'assimiler le titre au porteur à une lettre de change, où sont inscrits les noms des cessionnaires successifs, et d'admettre la création d'un nouveau titre, dans les conditions où les articles 150, 151 et 152 du Code de commerce autorisent la création d'une nouvelle lettre.

La Cour de Paris, dans un arrêt du 23 juillet 1836, avait infirmé une sentence arbitrale, rendue par M. Pardessus, qui assimilait les actions au porteur aux effets au porteur de l'ancien droit, et leur appliquait la disposition de l'article 19, titre V, de l'Ordonnance de 1673, ainsi conçue : « Au cas où une lettre adirée serait au porteur, le paiement « n'en sera fait qu'en vertu d'une ordonnance du juge, en « baillant caution de garantir le paiement qui en sera fait. » Un arrêt de la Cour suprême, du 5 décembre 1837, confirma la décision de la Cour de Paris, par ce motif que l'Ordonnance est abrogée par le Code de commerce.

Pouvait-on demander au débiteur le paiement ou la délivrance d'un nouveau titre, en se fondant sur ce que l'article 1348, § 4, du Code civil dispense de la preuve écrite le créancier dont le titre a été perdu par suite d'un cas fortuit, imprévu et résultant d'une force majeure? L'hypothèse visée par le Code n'est pas la nôtre. L'article 1348 règle les rapports de créancier à débiteur, dans des circonstances où aucun tiers ne peut intervenir, puisque le titre supposé perdu est nominatif. Dans notre cas, au contraire, le débiteur ne nie pas son obligation; il ne s'agit pas de créer un moyen de preuve contre lui. Il objecte seulement qu'il redoute la survenance d'une tierce personne qui pourrait se dire créancière; il ne se refuse pas à payer une fois; il se prémunit contre le danger de payer deux fois.

Mais l'article serait pleinement applicable, si le propriétaire établissait la destruction du titre, et par suite l'impossibilité de l'intervention d'un tiers. La question se poserait alors sur la preuve de la dette, dans les seuls rapports du créancier et du débiteur. C'est ce que reconnaissait un jugement du Tribunal civil de la Seine, du 30 décembre 1839. Ce jugement décidait « qu'en matière d'actions au porteur, « il ne peut être ordonné que des duplicatas soient délivrés « de celles de ces actions dont la perte est alléguée, qu'à « la condition qu'il sera fait preuve que lesdites actions « ont été détruites... » L'arrêt déjà cité de la Cour de Paris, du 23 juillet 1836, admettait également, dans ce cas, le paiement des sommes échues.

La preuve de la destruction des titres est une question laissée à l'appréciation des tribunaux.

Telles sont les règles générales de la matière ; telle était la législation avant la loi du 15 juin 1872.

§ 2. — *Depuis la loi de* 1872.

Le système de protection imaginé par la jurisprudence avait de graves inconvénients. Le droit à la délivrance d'un nouveau titre reposait sur une erreur de principe en matière de prescription. L'opposition signifiée au débiteur ne permettait le paiement des sommes exigibles qu'après un délai de cinq ou de trente années ; elle laissait les tiers acquérir de bonne foi le titre perdu ou volé. La loi des 15 juin-5 juillet 1872 eut pour but de porter remède à cet état de choses.

Je dois examiner, maintenant, les prescriptions spéciales de cette loi, en ce qui concerne les rapports du créancier et du débiteur.

L'art. 1er de la loi du 15 juin 1872 énonce simplement le principe et l'objet de la loi. « Le propriétaire de titres au « porteur qui en est dépossédé par quelque événement que « ce soit peut se faire restituer contre cette perte, dans la « mesure et aux conditions déterminées dans la présente « loi. »

L'article 2 exige qu'une première opposition soit signifiée au débiteur. L'opposition recevra le cachet d'authenticité par suite de l'intervention de l'huissier, dont le ministère est requis. C'est l'application des règles ordinaires de toute signification. Quant aux conditions de fond, les unes sont obligatoires, les autres facultatives. La validité de l'acte exige la mention du nombre, de la nature, de la valeur nominale, du numéro, et, s'il y a lieu, de la série du titre. Cette désignation de numéro et de série établira son identité. Les mentions facultatives sont celles qui prouvent provisoirement le droit de propriété de l'opposant. Ce sont celles de l'époque, du lieu et du mode de son acquisition ; les circonstances qui ont accompagné sa dépossession. Ces renseignements sont utiles, mais ne seront pas toujours possibles. Les souvenirs de l'opposant peuvent n'être pas suffisamment précis ; il peut être un héritier qui a toujours ignoré les particularités de l'acquisition de son auteur et la cause de la disparition du titre. D'ailleurs, le fond de la question de propriété sera débattu avec le tiers porteur, s'il se présente.

Notre article impose au prétendu propriétaire une élection de domicile dans la commune où siège l'établissement du débiteur. Il est nécessaire que celui-ci puisse dénoncer facilement et promptement la survenance du tiers détenteur. La loi n'a pas laissé à la routine de l'huissier le soin de mentionner une élection de domicile, devenue, dans certains actes, une clause de style. Cependant elle ne prononce aucune nullité au cas de contravention à cette prescription. L'acte demeure valable en l'absence d'une condition qui n'est pas substantielle.

Il y avait lieu, avant la loi de 1872, de se demander si, pour être efficace, l'opposition devait être validée par un jugement. Le Tribunal civil de la Seine avait, dans des jugements des 16 décembre 1861 et 9 juin 1866, reconnu l'inutilité de la procédure de validation. Elle n'était motivée par aucune analogie entre l'opposition faite au débiteur lui-même, et celle qui est pratiquée sous forme de saisie-arrêt entre les mains d'un tiers. Cette formalité était d'ailleurs inutile pour un acte qui était purement conservatoire, et ne préjugeait même pas le fond du droit.

Dans le système de la nouvelle loi, il y aura une sorte de validation dans l'autorisation donnée par justice : cette autorisation, inutile pour le paiement de coupons perdus après avoir été détachés des titres, est nécessaire au paiement des coupons restés attachés aux titres perdus, ainsi qu'au paiement du capital représenté par ces titres et à la délivrance de duplicatas destinés à les remplacer.

Du paiement des intérêts et dividendes des titres perdus.— La jurisprudence exigeait que cinq années se fussent écoulées depuis l'échéance des intérêts ou des dividendes, pour permettre au propriétaire de toucher les coupons des titres perdus. La loi de 1872 abrège ce délai.

L'art. 3 ordonne de demander une autorisation préalable à la justice. Il appartient au président du Tribunal civil de vérifier la validité de l'acte d'opposition et d'apprécier, d'après les circonstances, la présomption de propriété qui s'élève en faveur de l'opposant. Le président le plus à portée de se rendre compte de la sincérité de la réclamation sera le président du Tribunal du domicile de cet opposant, peu importe que ce domicile réel soit éloigné du domicile élu dans l'opposition : le débiteur n'a, en effet, aucun intérêt personnel à contester le droit de l'opposant.

Contre la décision du président, un recours est ouvert devant la Chambre du conseil, qui statuera sur la requête du propriétaire et sur les observations que pourrait certainement présenter la Compagnie, le ministère public entendu. Les conclusions du ministère public sont d'autant plus nécessaires que le débat n'est pas contradictoire.

L'autorisation ne peut être obtenue qu'un an après que l'opposition a été prononcée. Il faut, de plus, que cette opposition n'ait pas été contredite, et que, dans l'intervalle, deux termes au moins d'intérêts ou de dividendes aient été mis en distribution, sans qu'aucun tiers porteur se soit présenté à la Compagnie.

L'autorisation n'est, au surplus, accordée que sous caution. « La solvabilité de la caution à fournir... sera appré« ciée comme en matière commerciale... » (Art. 6, § 1er.) On pourra donc tenir compte non seulement de l'importance de ses propriétés foncières, conformément à l'article 2019 du Code civil, mais encore de sa fortune mobilière et de son crédit. Elle devra avoir la capacité requise par le droit commun dans l'art. 2018 du Code, c'est-à-dire la capacité de contracter. « S'il s'élève des difficultés, il « sera statué en référé par le président du Tribunal du do« micile de l'établissement débiteur », ajoute la loi. En effet, le débiteur a un grand intérêt à ce qu'on lui donne toutes facilités pour intervenir dans un débat relatif à la caution proposée.

Quelle sera la durée et l'étendue de la responsabilité de la caution? Ce double point est réglé par le § 1 de l'art. 4. La caution est tenue pendant les deux ans qui s'écoulent après l'autorisation. Ce délai expiré, elle est déchargée de plein droit, si aucune contestation ne s'est élevée sur cette autorisation. Elle est responsable de tous les intérêts et dividendes échus, et, jusqu'à concurrence d'une valeur double de la dernière annuité, de ceux à échoir.

Le § 2 de l'article 6 fait une application du principe général édicté par l'article 2041 du Code civil, aux termes duquel « celui qui ne peut pas trouver une caution est reçu « à donner un gage en nantissement suffisant. » Le législateur de 1872, en disant qu'il sera loisible à l'opposant de fournir un « nantissement au lieu et place d'une caution », a certainement entendu reproduire la disposition du Code, et ne faire allusion qu'au nantissement mobilier résultant du gage. Mais on pourrait se demander s'il n'a pas voulu restreindre l'objet du gage en déclarant que « ce « nantissement pourra être constitué en titres de rentes « sur l'État. » Son intention n'a pas été d'exclure les autres objets mobiliers, et en particulier les autres valeurs mobilières. Il a probablement exprimé une préférence pour des valeurs dont la réalisation est à la fois facile et sûre. Peut-être craignait-il, au surplus, qu'on ne fût tenté de refuser de recevoir en gage ces titres, en raison de leur caractère insaisissable, et de l'analogie qu'on aurait pu établir entre la réalisation du gage et la vente forcée. Enfin, le gage « sera restitué à l'expiration des délais fixés pour la libéra- « tion de la caution. »

Le § 2 de l'article 4, auquel je reviens, prévoit le cas où l'opposant ne peut ou ne veut fournir ni caution ni gage ; il lui permet alors d'exiger le dépôt des intérêts et dividendes à la Caisse des dépôts et consignations, à mesure de leur échéance. La garantie est équivalente à celle qu'aurait offerte la caution. Après deux ans de dépôt, qui partent de l'autorisation non contredite, l'opposant peut toucher les intérêts et dividendes déposés, et percevoir librement ceux à écheoir.

En résumé, le propriétaire d'un titre perdu, s'il fournit caution, éprouve pour la perception des coupons échus un retard qui doit s'étendre jusqu'à l'autorisation, c'est-à-dire au moins à deux répartitions. S'il demande le dépôt, il éprouve un nouveau retard qui durera deux années au plus, à partir de l'autorisation.

Du paiement du capital représenté par le titre perdu. — Le propriétaire dont le titre est exigible n'est plus obligé d'en attendre le paiement pendant trente ans. Si le capital du titre frappé d'opposition est devenu exigible avant ou depuis la perte, le créancier opposant pourra en toucher le montant, dès le jour de l'autorisation, à charge seulement de fournir caution. Cette caution garantit la restitution de a valeur, le cas échéant. Elle est responsable de cette restitution pendant un double délai. L'un a pour point de départ l'autorisation : il est de cinq ans. L'autre court de l'exigibilité du titre, et dure dix ans. Art. 5 : « Lorsqu'il se « sera écoulé dix ans depuis l'époque de l'exigibilité et cinq « ans au moins, à partir de l'autorisation, sans que l'oppo- « sition ait été contredite, la caution sera déchargée... »

L'opposant peut, s'il le préfère, fournir un gage dont la durée sera celle assignée à la responsabilité de la caution. Il a également, s'il le préfère, la faculté d'exiger le dépôt des fonds à la caisse des consignations. Il ne les touchera qu'à l'expiration du double délai.

Du paiement des coupons qui ont été perdus après avoir été détachés du titre. — L'art. 8 de la loi de 1872 reconnaît la validité de l'opposition qui porte sur des coupons détachés du titre. Mais, comme l'intérêt en jeu est moins grave que dans les cas précédents, qu'il ne s'agit parfois que d'un seul coupon, qu'il ne s'agit jamais que de revenus, le propriétaire est dispensé de recourir à l'autorisation de la justice.

Aucune caution n'est exigée. Le montant des coupons ne pourra être touché que trois années après l'opposition, et seulement trois années après l'échéance qui serait postérieure à l'opposition.

Le propriétaire pourrait-il, au lieu d'attendre l'expiration de ces délais, suivre la procédure en autorisation? Celle-ci lui permettrait de toucher ses coupons après qu'un an se serait écoulé depuis l'opposition, ou après la deuxième répartition qui l'aurait suivie. Il serait étrange que la loi, ayant cherché à améliorer le sort du propriétaire qui n'a perdu que des coupons, lui ait imposé une aggravation de situation. Il faudra donc lui reconnaître cette faculté.

De la délivrance de duplicatas des titres perdus. — Si le titre perdu n'est pas exigible, le propriétaire en demandera un duplicata, en vertu de l'article 15. L'opposition et l'autorisation, intervenues dans les formes précédemment exposées, lui donneront ce droit. La caution qu'il devra fournir restera tenue pendant un délai de dix ans.

Le titre devra porter le même numéro que le titre primitif, avec la mention qu'il est délivré en duplicata. Il conférera les mêmes droits que le premier et sera négociable dans les mêmes conditions. Le titre primitif sera frappé de déchéance. La Compagnie se libère ainsi vis-à-vis du tiers porteur. C'est d'ailleurs au propriétaire de payer les frais occasionnés par la délivrance du duplicata.

Il devra garantir par un dépôt ou par une caution, que le

numéro du titre sera publié pendant dix ans, avec une mention spéciale au bulletin quotidien, pour avertir le tiers détenteur de la situation qui lui est faite et empêcher la négociation du titre.

Il reste à savoir si les dispositions de la loi, relatives à la délivrance des duplicatas, sont applicables au cas où la destruction des titres est établie. M. de Marcère avait proposé un amendement qui permettait en cette hypothèse de réclamer du débiteur un titre nouveau, sans qu'aucune formalité fût nécessaire. En cas de contestation, le jugement qui aurait reconnu la destruction aurait ordonné la délivrance du duplicata. C'était là une application pure et simple de l'article 1348, § 4, qui prévoit l'hypothèse où il n'existe pas de tiers porteur envers lequel le débiteur puisse être responsable. Cet amendement avait pour but de provoquer une explication sur la portée de la loi. Il fut retiré sur la réponse, jugée satisfaisante, du rapporteur qui déclara que la Commission l'avait repoussé, « parce qu'elle « a été convaincue qu'il faisait double emploi avec une « disposition déjà existante dans la loi, l'article 1348 du « Code civil..... Dans le cas où il serait démontré d'une « manière irréfragable, sans qu'il pût y avoir sujet à er- « reur possible, que le titre a péri dans un sinistre, la « Compagnie serait tenue de remettre un duplicata qui « aurait tous les avantages que possédait le titre primitif « vis-à-vis de la Compagnie, soit au point de vue du paie- « ment, soit au point de vue de la négociabilité. »

Il ne faudrait pas s'attacher au mot irréfragable, employé par le rapporteur, et décider que le juge devra restreindre l'application de l'article 1348, § 4, au seul cas où il existerait une certitude matérielle de la destruction des titres. Le législateur n'a pas dérogé aux règles de la preuve d'un fait.

Quels titres peuvent être frappés d'opposition. — D'après l'article 16 de la loi de 1872, « les dispositions de la pré« sente loi sont applicables aux titres au porteur émis par « les départements, les communes et les établissements « publics... » Elles concerneront également les titres des Sociétés particulières que tous les articles désignent par l'expression de *Compagnies.*

Par exception, la suite du texte déclare qu' « elles ne « sont pas applicables aux billets de la Banque de France, « ni aux billets de même nature, émis par des établisse« ments légalement autorisés, ni aux rentes, ni aux autres « titres au porteur émis par l'État, lesquels continueront « à être régis par les lois, décrets et règlements en vi« gueur. » A ces exceptions, il faut joindre les bons de liquidation de la ville de Paris. Le décret du 24 novembre 1873, qui en autorise l'émission, les soustrait aux dispositions de la loi de 1872, en se fondant sur leur « carac« tère mixte de valeur commerciale et de valeur d'État. »

Les billets émis par des établissements légalement autorisés doivent, en raison de leur assimilation aux billets de la Banque de France, s'entendre de ceux que certains établissements reçoivent l'autorisation d'émettre dans des circonstances particulières. La Société générale et le Comptoir d'escompte eurent notamment ce privilège, pendant la guerre de 1870-1871. Les titres de cette nature sont une monnaie fiduciaire, dont la circulation ne doit pas être entravée par la crainte d'une opposition à leur remboursement, ou de la délivrance d'un duplicata qui emporterait leur déchéance. Ils se confondent avec l'argent qu'ils représentent. La preuve de leur destruction pourrait seule donner droit à la délivrance d'un nouveau titre, conformément au droit commun.

La défense de faire opposition au paiement des rentes

sur l'État n'est que la confirmation des principes reconnus antérieurement. L'article 16, *in fine*, a pour but de régulariser et légaliser la délivrance de duplicatas passée dans la pratique. La demande d'un nouveaau titre est adressée sur timbre au directeur de la Dette inscrite, qui en fait son rapport au ministre des finances. Cette délivrance continue à être faite moyennant le dépôt de valeurs nominatives de même espèce pour une somme correspondante au capital de l'inscription, augmentée de cinq années d'arrérages. La loi fixe la durée du cautionnement, autrefois illimitée par suite de l'imprescriptibilité des rentes : elle est bornée à vingt ans.

Quant aux bons du Trésor, dont la loi ne parle pas, il semble que la délivrance d'un duplicata ne nécessite pas un dépôt de même durée. L'article 9 de la loi du 29 janvier 1831 les déclare prescriptibles par cinq ans. Un dépôt de cinq ans suffirait donc à garantir la responsabilité de l'État.

Les valeurs étrangères échappent à toute opposition : l'opposition ne pourrait pas en effet être pratiquée entre les mains de Compagnies ou d'États qui ne sont pas soumis à la juridiction française.

SECTION III

DES DIVERS RAPPORTS OU RECOURS AUXQUELS PEUT DONNER LIEU L'OPPOSITION.

Rapports du débiteur et du tiers détenteur. — L'opposition pratiquée entre les mains de la Compagnie empêche celle-ci de se libérer par un paiement fait de bonne foi au tiers détenteur, possesseur de la créance, et d'invoquer l'art. 1241 du Code civil.

Bien plus, le paiement fait, en exécution des dispositions de la loi de 1872, à l'opposant, la libère, en vertu du même principe, vis-à-vis du tiers porteur, dont le droit de propriété serait tardivement reconnu. C'est ce qu'exprime l'art. 9 de cette loi : « Les paiements faits à l'opposant, « suivant les règles ci-dessus posées, libèrent l'établisse« ment débiteur envers tout tiers porteur qui se présente« rait ultérieurement. Le tiers porteur au préjudice duquel « lesdits paiements auraient été faits conserve seulement « une action personnelle contre l'opposant qui aurait « formé son opposition sans cause. »

De même, la délivrance d'un duplicata libère la Compagnie débitrice. « Dans le cas du présent article (dit l'art. 15 « § 4) le titre primitif sera frappé de déchéance, et le tiers « porteur qui le présentera après la remise du nouveau « titre à l'opposant n'aura qu'une action personnelle contre « celui-ci, au cas où l'opposition aurait été faite sans « droit. »

Rapports de l'opposant et du tiers porteur.— En couvrant la responsabilité du débiteur vis-à-vis du tiers porteur, les art. 9 et 15 de la loi de 1872 réservent à celui-ci son recours contre l'opposant qui serait sans droit sur le titre.

Si, avant le paiement ou la délivrance d'un duplicata, le tiers porteur s'était présenté, un débat se serait de suite engagé sur la propriété du titre entre le tiers et l'opposant. L'opposant aurait exercé l'action en revendication dont j'ai précédemment indiqué les conditions de succès, ou bien le tiers aurait provoqué, en prenant l'initiative, la solution de la question de propriété, par une assignation en mainlevée de l'opposition.

Toutefois, je dois ajouter que l'art. 12 étend d'une manière extrêmement importante le droit de revendication du propriétaire dépossédé. La publication de l'opposition au bulletin officiel constitue en état de mauvaise foi les tiers qui se rendent postérieurement acquéreurs du titre. Il en résulte que ceux-ci ne peuvent plus exiger d'être indemnisés de leur acquisition faite dans les conditions prévues par l'art. 2280 du Code civil, et ne peuvent plus, d'autre part, opposer la prescription triennale de l'article 2279, § 2.

Cependant, on a prétendu que le tiers qui aurait acquis le titre avant la publication de l'opposition, et qui pourrait ainsi avoir droit au remboursement de son prix, transmettrait ce droit à un autre tiers qui se rendrait acquéreur après la publication. Pour être logique, il faudrait admettre également que le tiers de bonne foi, qui peut invoquer la prescription triennale, transmettra ce droit acquis à son acheteur. Ces décisions semblent contredire de la manière la plus formelle les termes de l'art. 12, ainsi conçu : « Toute négociation ou transmission postérieure au jour « où le bulletin est parvenu, ou aurait pu parvenir par la « voie de la poste dans le lieu où elle a été faite, sera sans « effet vis-à-vis de l'opposant, sauf le recours du tiers « contre son vendeur et contre l'agent de change par l'in« termédiaire duquel la négociation aura eu lieu.... »

Ainsi, le paiement des coupons ou du capital effectué, le duplicata délivré, la transmission faite après la publication de l'opposition, ne donneront au tiers porteur qu'un recours de droit commun.

L'action contre le vendeur a été examinée à l'occasion de la revendication du titre. Il ne reste à traiter que du recours contre l'opposant et contre les intermédiaires de la négociation.

Recours du tiers porteur contre l'opposant sans droit. — L'opposant qui, dépourvu de la propriété du titre, a néanmoins agi de bonne foi, ne doit pas s'enrichir aux dépens d'autrui. Le tiers porteur, propriétaire du titre, pourra lui demander la restitution des sommes indûment reçues. Si l'opposition a été faite de mauvaise foi, elle donne lieu contre celui qui l'a pratiquée à une action en dommages-intérêts fondée sur l'art. 1382 du Code civil.

Recours contre les intermédiaires de la négociation. — Responsabilité des agents de change. — Dès avant la loi de 1872, une double responsabilité pesait sur les agents de change : une responsabilité spéciale et professionnelle, et une responsabilité de droit commun, par application des art. 1382 et 1383 du Code civil.

L'arrêté du 27 prairial an X, sur les Bourses de commerce et la profession d'agent de change, déclare dans les art. 16 et 18 que l'agent de change sera responsable pendant cinq ans de la validité des transferts, en ce qui concerne l'identité du propriétaire, la vérité de sa signature et des pièces produites; de plus, cet arrêté leur fait défense, ainsi qu'aux courtiers de commerce, sous peine de destitution et de trois mille francs d'amende, de négocier aucune lettre de change ou billet, ni vendre aucune marchandise appartenant à des gens dont la faillite serait connue.

C'était dans les transferts de rentes nominatives que l'agent de change était responsable de l'identité du propriétaire. Cette décision ne peut s'étendre aux titres au porteur, puisqu'aucune signature n'a besoin d'y être apposée pour la négociation. La Cour de cassation se prononçait en ce sens, dans un arrêt rendu le 21 novembre 1818, déclarant que l'obligation de certifier l'identité du vendeur « n'est applicable qu'à l'égard des valeurs nomi-« natives; que les effets au porteur par leur nature même

« ne comportent pas l'application d'une pareille obliga- « tion. » La règle qui fait de la possession de ces valeurs un titre régulier de propriété ne laisse pas de place à la recherche de preuves de cette propriété.

La responsabilité de droit commun à laquelle l'art. 1382 soumet les agents de change dépend de faits dont la souveraine appréciation appartient aux tribunaux. L'agent de change pourrait être déclaré en faute si le titre négocié lui avait été remis par une personne qui n'offre aucune apparence de solvabilité, qui n'a pu indiquer ni domicile, ni correspondant capable de certifier sa probité. L'agent de change devait avoir des doutes sur la propriété de son client.

L'agent de change ne peut être tenu de s'assurer de la capacité du vendeur; mais, si les titres lui étaient remis par un mineur dont l'âge est apparent, ou par une femme qui ne justifie ni d'une autorisation maritale, ni de sa qualité de fille ou de veuve, il pourrait être déclaré responsable de la négociation.

Avant la loi de 1872, il y avait divergence d'opinion sur l'effet de l'opposition à la négociation d'un titre. Le syndicat des agents de change, après avoir supprimé un tableau ou registre déposé à son secrétariat pour recevoir les oppositions, soutint qu'il n'était pas obligé de donner aux agents de change connaissance de celles qu'il avait reçues; il prit même la précaution de signifier à la personne de l'opposant son droit de ne pas les avertir. Cependant les agents de change, après avoir été responsables de leur négligence à consulter le tableau, demeuraient tenus de se conformer aux oppositions qui leur étaient personnellement signifiées. L'article 11 de la loi de 1872 rend obligatoire pour le syndicat des agents de change la réception des oppositions, et détermine la manière dont elles seront pratiquées, ainsi que le mode de publicité qui leur sera applicable : « Cette « publication sera faite un jour franc au plus tard, par les « soins et sous la responsabilité du syndicat des agents de « change de Paris, dans un bulletin quotidien établi et « publié dans les formes et sous les conditions déterminées « par un règlement d'administration publique. » L'art. 12, nous l'avons vu, prononce formellement la responsabilité de l'agent de change qui a négocié un titre au mépris de l'opposition régulièrement faite.

Cet article 12 fixe les conditions dans lesquelles l'agent de change sera présumé avoir eu connaissance de l'opposition : « Toute négociation ou transmission postérieure au « jour où le bulletin est parvenu ou aurait pu parvenir par « la voie de la poste, dans le lieu où elle a été faite, sera « sans effet vis-à-vis de l'opposant.... »

Responsabilité des changeurs. — Bien que la profession de changeur soit devenue libre, elle n'en reste pas moins assujettie à la réglementation du décret des 19 et 21 mai 1791. Aux termes de l'article 5 du chapitre IX de ce décret, le changeur doit porter sur un double registre le nom du propriétaire de l'objet vendu. La vente des titres ne rentre pas dans ses attributions ; cependant il doit tenir la même comptabilité pour des opérations étrangères à sa profession, sous peine d'une négligence dont il serait responsable, dans les limites du droit commun. Le propriétaire de titres aussi bien que le propriétaire de matières métalliques doit pouvoir trouver le nom du vendeur.

Les mêmes principes rendent le changeur responsable de l'achat qu'il fait à une personne inconnue, ou n'ayant pas un repondant connu de lui, en contravention de l'article 75 de la loi du 19 brumaire an VI.

Responsabilité des notaires. — Des obligations professionnelles auxquelles les notaires sont soumis, aucune n'est spéciale aux titres. Il en est notamment ainsi du devoir qui lui incombe de surveiller l'exécution de certaines conventions dont il a donné acte.

La responsabilité des banquiers, comme celle de tous les intermédiaires d'une négociation, se borne à la responsabilité de droit commun.

POSITIONS

DROIT ROMAIN.

I. La novation suppose l'identité d'objet entre les deux dettes.

II. La novation éteignait la première créance et n'était qu'un moyen détourné de parvenir à la cession.

III. On ne doit pas dire d'une manière absolue que le cédé (délégué) ne peut opposer au cessionnaire (délégataire) les exceptions qu'il pouvait opposer au cédant (délégant).

IV. Le cessionnaire jouissait des *privilegia causæ ;* il ne jouissait pas des *privilegia personæ.*

V. La *procuratio in rem suam* n'opère pas un véritable transfert de la créance ; elle n'est qu'un moyen détourné de parvenir à une cession.

VI. Le *procurator in rem suam* ne doit pas être traité comme un mandataire véritable.

VII. Les créances alternatives sont cessibles.

VIII. Les créances nées d'un délit sont cessibles.

IX. Les actions réelles étaient aussi cessibles que les actions personnelles dans le droit classique.

X. Tous les droits intransmissibles ne sont pas incessibles.

DROIT CIVIL.

I. Sous le régime de séparation de biens, la femme peut valablement aliéner ses titres au porteur sans l'autorisation maritale.

II. De même que la femme séparée de biens, la femme dotale peut, sans autorisation du mari, convertir les titres nominatifs paraphernaux en titres au porteur.

III. Est valable le paiement des coupons fait par une Compagnie entre les mains d'une femme mariée et non autorisée, quel que soit d'ailleurs le régime matrimonial.

IV. Le mineur émancipé ne peut aliéner valablement ses titres au porteur sans l'assistance du curateur.

V. Le retard apporté au retrait des titres par l'acheteur n'emporte pas de plein droit résolution du contrat. (Art. 1657 C. civ.)

VI. La revendication admise par l'art. 2279 pour le cas de vol ne saurait être étendue ni au cas d'abus de confiance, ni au cas d'escroquerie.

VII. En règle générale, l'usufruit établi sur les titres au porteur ne confère pas à l'usufruitier la propriété et la disposition de ces titres.

VIII. L'article 2279 édicte une présomption légale de propriété.

IX. La femme dotale ne peut pas comprendre des immeubles dotaux dans une institution contractuelle, — sauf le cas d'établissement des enfants.

X. Sous le régime de la communauté réduite aux acquêts, les remboursements et les lots profitent à l'époux propriétaire des titres, et non à la communauté.

DROIT COMMERCIAL.

I. Les coulissiers et les changeurs qui négocient habituellement les titres et valeurs tombent sous le coup de l'article 76 du C. de comm. — Il en est autrement du simple mandataire.

II. Les jeux de Bourse, qui sont dépourvus d'action civile, donnent lieu au moins à une obligation naturelle qui exclut la répétition.

III. La remise d'une couverture à l'agent de change n'équivaut point à un paiement volontaire.

IV. Est nulle la constitution de dot intervenue depuis la cessation des paiements, ou dans les dix jours qui ont précédé (446 C. comm.).

V. Les tribunaux civils saisis d'une affaire commerciale sont incompétents, *ratione materiæ.*

VI. En cas de refus du mari, la justice peut autoriser la femme à faire le commerce.

DROIT ADMINISTRATIF ET ÉCONOMIE POLITIQUE.

I. L'État n'a qu'un droit de surintendance sur les biens compris dans le domaine public national.

II. Les contraintes émanées de l'administration des Contributions directes n'emportent pas hypothèque judiciaire.

III. Les rivières non navigables ni flottables sont *res nullius.*

IV. La monnaie est une marchandise.

DROIT CRIMINEL.

I. La condamnation émanée d'un tribunal étranger ne saurait servir de premier terme à la récidive.

II. L'action civile est prescrite en même temps que l'action publique.

III. L'interdit légalement peut se marier et reconnaître un enfant naturel.

PROCÉDURE CIVILE.

I. L'héritier condamné comme héritier pur et simple à la requête d'un créancier conserve la faculté de renoncer à l'égard des créanciers qui n'ont pas figuré dans l'instance.

II. L'exercice de la reintégrande n'exige pas la preuve de la possession annale.

III. L'exequatur nécessaire pour rendre exécutoire en France un jugement étranger doit être donné sans examen du fond.

Vu par le Président de la Thèse,

A. DE LA MÉNARDIÈRE.

Vu par le Doyen,

TH. DUCROCQ.

Permis d'imprimer :

Pour le Recteur en tournée,

L'Inspecteur délégué,

J. BAILLIART.

Les visas exigés par les règlements sont une garantie des principes et des opinions relatives à la religion, à l'ordre public et aux bonnes mœurs (Statuts du 9 avril 1825, art. 41), mais non des opinions purement juridiques, dont la responsabilité est laissée aux candidats.

TABLE DES MATIÈRES

DROIT ROMAIN

DE LA CESSION DE CRÉANCE.

DROIT FRANÇAIS

DE LA TRANSMISSION DES TITRES AU PORTEUR.

POITIERS. — IMPRIMERIE DE OUDIN FRÈRES.

www.ingramcontent.com/pod-product-compliance
Lightning Source LLC
Chambersburg PA
CBHW060548210326
41519CB00014B/3402
* 9 7 8 2 0 1 1 3 0 0 9 7 3 *